メディアスクラム

集団的過熱取材と報道の自由

鶴岡憲一

花伝社

メディアスクラム——集団的過熱取材と報道の自由◆目次

第一章　未曾有の取材自粛

第二章　拉致問題の特殊性と対策の広がり

第三章　独自取材への衝動

第九章　到達点としてのメディアスクラム対策

●資料編

（文献引用者等の肩書、年齢は当時のもの。一部敬称略）

第一章

未曾有の取材自粛

5人の拉致被害者が帰国直後、家族とともに臨んだ記者会見は、メディアスクラム対策に従って進められた＝2002年10月15日、東京・千代田区の赤坂プリンスホテルにて：読売新聞社提供

衝撃の北朝鮮拉致被害者帰国

「早く帰って来て」、「必ず生きていて」――世界でも数少なくなった独裁国家・北朝鮮に拉致された被害者の家族たちは、そんな思いをこめて青いリボンを洋服につけ、被害者の祖国帰還を待ちわびてきた。

一〇〇人を超えるともみられる拉致被害者たちのうち五人が、平壌を飛び立った政府チャーター機で羽田空港に到着したのは二〇〇二年一〇月一五日午後二時三〇分。機内から次々にタラップを降りて来た拉致被害者五人の複雑な立場を表していたのは、同じ青いリボンを留めた胸の、すぐ上に着けていた北朝鮮の金日成バッジだった。

その年九月一七日、日本と北朝鮮の初の首脳会談が小泉首相と金正日・朝鮮労働党総書記との間で開かれた。会談終了後の会見で発表された内容を、日本国民のほとんどは息を飲む思いで聞いたに違いない。北朝鮮側は日本国民の拉致という犯罪行為を行っていたことを公式に認めたうえ、被害者のうち五人は生存しているが八人が死亡したと明かしたからである。

新潟、福井両県出身の生存者五人が二四年ぶりに一時帰国したのは、約一か月後の一〇月一五日だった。長い空白からの祖国帰還に戸惑いを感じてか硬い表情の曽我ひとみさん(四三)。笑顔で率直に喜びを表したのは浜本富貴恵さん(四七)。蓮池薫さん(四五)らも、かすかに微笑を浮かべながら祖国の土を踏んだ。

五人の拉致被害者を、国民は暖かく迎えた。その陰には、五人が国家犯罪の被害者というだけでなく、独裁国家で長期間過ごしてきたであろう厳しい生活を察しての思いやりがあったはずである。しかも五人は、それぞれの家族を北朝鮮に残し「一時」という前提で帰国していた。

五人は、体制が異なる北朝鮮という国でどのような役割を与えられ、どんな生活を送ってきたのか、その国については今、日本と比べてどのように感じているのか、各々の家族も含めて日本の国民、政府に対してどんな思いを抱いているのかなど、マスメディアやフリージャーナリストらの関心は、国民のそれとともに、いやがうえにも高まり、取材が殺到することが予想される状況にあった。

そうした事情は、五人の帰国後の取材・報道に大きな影を落とすことになった。五人と北朝鮮在住の家族の立場を守るため、「メディアスクラム防止対策」という理由で、各メディアが通常ならあり得ないほどの取材コントロール、すなわち「日本の報道史上、例を見ないメディア界全体が取材を自粛する、という事態」（日本新聞協会月刊『新聞研究』2003/8 NO.625「第2回取材と報道研究会〈集団的過熱取材対策の現状と課題〉」朝日新聞東京本社・津山昭英編集局長補佐報告）を自ら招くことになったのである。

〝取材の殺到〟という事態のシンボルとも言えるのは、レポーターやカメラマンらのクルーがひとつのグループを三、四人で構成して詰め掛けるテレビ取材チームの姿だろう。その一角を占めるテレビ朝日の報道情報局次長で民間放送連盟（民放連）の報道委員会報道問題研究部会委員を務めた渡辺興二郎氏は、「北朝鮮の拉致被害者五人が六日後に帰国するとの発表を聞き、本来のニュースバリューとは全く違う意味で、『来るべきものが来た』と直感した。『このままでは、典型的な〝メディアスクラム〟になる』『半年以上続けてきた民放連の取り組みが、ここで試される』と受け止めたという（「『拉致』取材が提起したもの」＝月刊『民放』二〇〇三年二月号所収）。

同じ思いを抱いていたのは放送メディアだけではなかった。民放連と同様なメディアスクラム対策への「取り組み」は、新聞、雑誌を含めた全てのマスメディアの課題として進められていたものであったからである。

その影響は、全国紙やブロック紙、地方紙計一四紙が号外を発行した帰国当日の午後六時三〇分から、東京・千代田区の赤坂プリンスホテルで開かれた記者会見のテレビ中継でさっそく示され、異様な印象を与えた。

会見に詰め掛けた報道陣は約四〇〇人。だが、記者会見では、曽我さんが「とても会いたかったです」とひとこと、他の四人も、地村保志さん（四七）が「本当に長い間、皆様にご心配をかけました。本当にありがとうございました」と述べるなど、拉致被害者側が一方的に、文字通り「ふたこと」づつ帰国のあいさつを述べただけで代表質問すら行われないまま、五人は退席した。その後は、被害者の家族たちが、被害者とのやり取りを紹介するに止まった。

通常の記者会見とは明らかに異なる簡略化されたその会見こそ、メディアスクラム防止対策の結果であった。

拉致被害者関連報道の渦中にあった稲田裕之・テレビ新潟報道制作部長が二〇〇三年二月、民放連が主催した拉致報道一年間の検証シンポジウムで「取材の基本は本人取材であり個別取材」と、ジャーナリストにとって当然の姿勢をあえて指摘したのは、そうした取材が困難な状況が続いたからにほかならない。

拉致被害者や家族、周辺住民らへの〝報道被害〟が発生するのを防ぐため、新聞、放送から雑誌まであらゆるメディアの参加を求めて展開されたメディアスクラム防止対策として、自律的ながら取材を一定枠内に差し控える措置を受け入れざるを得なかった対応は、メディアにとって苦渋だが必要な選択だった。

その方式は、日本政府が「一時帰国」の方針を「永住帰国」に変更したことに反発した北朝鮮が、北朝鮮に在住する被害者家族の無条件の訪日を認めないなかで、報道が被害者家族に対する北朝鮮側の対応に悪影響を及ぼす事態を予防する趣旨で、当初の想定を超え長期にわたって続けられた。

そうしたなか、拉致被害者五人の帰国から一年七か月余の二〇〇四年五月二二日になって、小泉首相と金総書記の第二回首脳会談が平壌で行われた。その結果、蓮池さんと地村さん両夫妻の子どもたち計五人が、元々の母国・日本の羽田空港に到着した。子どもたちは五人とも、自分たちが日本人であることも両親が拉致被害者であることも知らずに成長し、敵対国と教え込まれた日本の土を踏み歓迎されるという、運命に翻弄された存在だった。

曽我さんの三人の家族は、米国出身の夫が祖国から米軍の脱走兵とみなされており、来日すれば米国に引き渡され罪を問われることを恐れ来日を拒んだため、再会を果たせなかったが、蓮池、地村さん夫妻の子どもたちは両親と同様に、新潟、福井県内で暖かく迎えられた。

このドラマティックな出来事も、国民の強い関心を集め、各メディアの報道陣も首脳会談の取材に約一二〇人が訪朝したほか、羽田空港や各家族が宿泊し家族会などが記者会見を行った東京都内のホテルに詰めかけた。

そうした集中的な取材があらかじめ想定されたため、新聞協会の集団的過熱取材対策小委員会と民放連報道問題研究部会、在京社会部長会は首脳会談の二日前の五月二〇日、被害者三家族から「配慮の行き届いた取材」を要請されたことに応じて、「家族の人権・プライバシーを損なったり、周辺住民の平穏な生活を乱したりすることのないよう、節度ある取材・報道に努める」ことを申し合わせた。同時に、三つの組織に加盟していない各社や、日本雑誌協会など他のメディアに対しても同調するよう要請した。

拉致問題の取材に関わるメディアスクラム防止対策は、集中的過熱取材の可能性が残る間、続けられたのである。

メディアスクラムとは

「スクラム」という言葉は、日本では必ずしも否定的な印象を与えるものではない。多くの人は、イメージとしてラグビーでのスクラムを思い浮かべるだろう。その姿が示すのはむしろ、「一致して事に力を尽くす」という積極的、前向きな姿勢である。

海外では「メディアスクラム」という言葉も多義的に使われている。その語源を調べたNHK放送文化研究所研究主幹、海部一男氏も、「基本的には『取材団』という意味」とし、「用語として少なくとも英語の世界では確立されていません」と述べている（二〇〇一年度第一〇回放送番組向上委員会での発言から）。

そのような「メディアスクラム」も、否定的な言葉と位置付けて使用していった場合、危うさが生まれることはメディアの側も意識していた。後に見るように、北朝鮮拉致被害者の取材について、新潟県のメディアのように、実質的にはメディアスクラムによるトラブルを避ける対策を打ち出すことを決めたにしても、「メディアスクラム」という言葉に縛られないよう、その言葉をあえて使わなかった、というケースもあったのである。

ただ海部氏によれば、各種メディアがスクラムを組むようにして集中取材することが、結果的に取材される側に被害感を生じさせるという事情から、メディア側が共同のプール取材方式などで対策を講じてきた例は、日本だけでなく欧米でもみられる。例えばアメリカでは、クリントン元大統領の女性スキャンダルが問題化した際、約一〇〇人のカメラマンに取り囲まれた個人秘書がおびえ上がったことがきっかけで一九九八年以降、対策としてのプール取材が活用されるようになってきた。イギリスでも、ダイアナ元皇太子妃の死亡事故がきっかけの一つとなり、プール取材方式の採用例が目立ってきた――としている。

メディア横断的な対策

日本で公式にメディアスクラム対策を最初に打ち出したのは、日本新聞協会の編集委員会だった。二〇〇一年一二月六日に出したその「見解」は、メディアスクラムについて「集団的過熱取材」と位置付け、「大きな事件、事故の当事者やその関係者のもとへ多数のメディアが殺到することで、当事者や関係者のプライバシーを不当に侵害し、社会生活を妨げ、あるいは多大な苦痛を与える状況を作り出してしまう取材」と定義付けた。

そのようなメディアスクラムを避ける対策について、見解は、すべての取材者が最低限順守しなければならないこととして、

①いやがる当事者や関係者を集団で強引に包囲した状態での取材は行うべきではない。相手が

小学生や幼児の場合は、取材に特段の配慮を要する。
②通夜葬儀、遺体搬送などを取材する場合、遺族や関係者の心情を踏みにじらないよう十分配慮するとともに、服装や態度などにも留意する。
③住宅街や学校、病院など、静穏が求められる場所における取材では、取材車の駐車方法も含め、近隣の交通や静穏を阻害しないよう留意する。
という三点を挙げた。

被取材者や周辺住民らのプライバシーなど人権を守るために、メディア側が取材・報道の自由を自主的に制約する――という性格を持った対策である。いずれも、メディア各社が個別に対応できるものである。

だが見解は、それらの対策に加え、「集団的過熱取材が発生してしまった場合」について「報道機関は知恵を出し合って解決の道を探るべき」とし、「解決策を合同で協議する調整」を行う必要性を指摘した。具体策としては、「社ごとの取材者数の抑制、取材場所・時間の限定、質問者を限った共同取材、さらには代表取材」を例として示した。

過熱取材が集団化によって起きるという認識に立てば、各社個別の対策という枠を越えて集団取材の調整という、ジャーナリズム横断的な対策を考えるのは論理的帰結といえる。だが、その対策は各メディアの取材・報道を新たなステップに至らしめる性格を帯びさせるものである。

まず、メディア各社の個性発揮が制約される可能性が強まる。さらにジャーナリズム全体でみれば、多角的な視点からの様々な情報や論評の総量を増やせず、報道の多様性を減殺する事態につながる可能性も生まれる。誘拐事件で被害者の生命を守るために、事件に一定の区切りがつくまで取材・報道を自粛する申し合わせをメディア間で締結することで知られる「報道協定」(後述)についてさえ「メディアの自殺行為」とする厳しい見方があるが、メディアスクラム対策も報道協定に通じる性格を帯びる面があることは否定できない。

取材による人権やプライバシーの侵害とされるケースのほとんどは、個々のジャーナリストのマナー違反や勇み足的なパターンだ。これに対し、人権、プライバシーの侵害と関係付けられるメディアスクラムは、ジャーナリストによる取材が集団的に展開される影響を否定的に受け止めるとらえ方である。個々のジャーナリストの取材には何ら問題はなくても、それが集団的に行われることが〝報道被害〟となる、というパターンとされる。そのような事情はメディアスクラム防止対策について、メディアの種類に関わらず個々のジャーナリストやメディアの側のストレスを募らせる点である。

それでも、新聞協会に続き、ほぼ同趣旨の見解は民放各社が加盟する民放連が同年一二月二〇日にまとめた。その見解では、「全てのメディアが一致して取り組まなければ、実効性がない」と指摘し、各メディア全体の問題であるという認識が示された。それと同時に、「特にテレビは、記者・カメラマンなど一定の人員、中継関連の車両・機材などを展開しなければならず、その媒体特性から来る物理的な要因を踏まえた十分な配慮が求められる」というテレビの特殊な立場も踏まえた内容だった。

一方、日本雑誌協会の場合は、新聞や放送各社のように、記者クラブという場で取材対象との協議を共同で随時行う経験を持たない。取材方法も雑誌独特のものがある。そのため、見解取りまとめは難航するとみられた。

実際、雑誌協会は二〇〇二年五月になってメディアスクラム対策について協調する見解をまとめたが、そこでは「雑誌の取材者数はテレビ、新聞のそれに比べてはるかに少数」であり、「多数のメディアが集中する現場取材を長期間継続して行うことはごく稀です」と、その特殊な立場を強調していた。「雑誌は、事件・事故等の時事の展開を端緒に、他のメディアがいまだ取り上げない取材源の確保を図り、独自の取材結果をもとに、その事件・事故等の背景を探り、また新たな視点を加えて報道することを第一義とするメディア」であることを理由として示したのである。

そうした「見解」の文言からみて、雑誌分野の内部では「なぜ、新聞やテレビと協調して同じ対策に取り組まなければならないのか」という反発があったことが推察される。それにしても、ともかく協調対策の輪に参入したのであった。

集団的過熱取材は新聞社だけでなく、テレビのほか、少数ではあっても週刊誌記者も入り乱れて起こされる。しかも、雑誌の視点は新聞やテレビと異なる面があるとはいえ、同じ事件・事故を扱う過程で新聞やテレビが追い求めるのと同様な情報を報道することも当然起こり得る。その意味では、雑誌も新聞やテレビの競争相手ということになり〝過熱〟の一翼を占めることになるから、雑誌業界もメディア横断的に同調しなければメディアスクラムの防止効果は期待できない。それだけに、雑誌協会が肩を並べたことは、実質的に全マスメディアがメディアスクラム防止に取り組む体制が整ったことを意味した。

新タイプの報道協定

マスメディアが協調して取材・報道の仕方を自ら制約する方式は、従来は「報道協定」として数々の前例が重ねられてきた。

事実上のスタートは、現在の天皇が皇太子だった当時の一九五八年、皇太子妃の選考に関する取材・報道について結ばれたケースとされる。趣旨は「人権侵害の防止」だった。候補となった女性が結果的に選定対象から外れた場合、その決定を左右した意思が皇太子側にあったのか候補女性側にあったのかを問わず、経過が逐一報道されていれば双方の名誉や心情を傷つける恐れが大きい。その点に自粛協定の根拠があったと言える。

それ以後、様々な機会で報道協定が重ねられてきた。代表的なのは、被害者の安否が判明するまで被害者の生命確保を第一に配慮しなければならない誘拐事件の場合である。一九六〇年に東京で発生したいわゆる「雅樹ちゃん誘拐殺人事件」をきっかけに、一九七〇年に新聞と放送の両分野にわたる自粛体制が確立されて以降、繰り返されてきている。

すなわち、従来の報道協定の目的を大別すれば、名誉保護を主眼とする「人権侵害の防止」および「人命の尊重」ということになる。従って、人権保護のほか、新たにプライバシー保護をも明確に意図したメディアスクラム対策は新しいタイプの報道協定ということも可能であろう。

第二章　拉致問題の特殊性と対策の広がり

地村保志さんが浜本（旧姓）富貴恵さんと自宅の仏前で行った結婚報告も代表取材方式で行われた＝2002年10月18日、福井県小浜市で：読売新聞社提供

メディアスクラム対策の頂点

メディアスクラム対策が特徴的なのは、それが報道内容ではなく「取材」についての対策である点だが、拉致問題では人権、プライバシー保護という目的が、政府の外交のポイントとされる「国益」という視点とも絡んでいた点が独特だったと言える。

様々なケースで採用される可能性があるメディアスクラム対策で、その主体となる各メディア間の調整組織は、各種メディアの全国団体による見解公表後、全都道府県に設置された。それに続き、犯罪事件の取材を中心に各地で対策が実施に移されていった。後述の二〇〇二年四月に川崎協同病院で発生した、いわゆる安楽死事件もその一例だった。

その調整が、現地だけでなく、日本新聞協会をはじめ三分野のメディアの全国的組織である中央団体でも行われたうえ、取材自粛が長期間に及んだという点において、北朝鮮拉致問題での取材対策はメディアスクラム防止対策の頂点と言えるケースになった。

拉致事件では、独裁国家で青春時代を過ごさざるを得なかったという特異な体験を持つ拉致被害者に対するメディアの関心が高まった。それだけに、帰国すれば、新聞、放送から雑誌まで各種メディアの取材が集中し、場合によっては個々の拉致被害者のプライバシー侵害を引き起こしかねない事態に発展しそうなことが十分に予想された。

実際、首脳会談の直前から、その兆候は発生していた。長女めぐみさんの拉致に関連して拉致問題を広くアピールしてきた横田滋、早紀江さん夫妻宅では、住民の往来に支障が出たほどになったため、二〇〇二年九月一九日には、新聞社や民放の担当者が注意し合った。他の被害関係者宅などにも、記者やカメラマンが詰め掛けた。その影響は、多数の取材車両が路上駐車し、記者やカメラマンが大声で話したり、タバコの吸い殻を散乱させたことなどについて、被取材者のほか周辺住民からも苦情が出されるといった形で現れたのであった。

結果として、メディア側は拉致被害者家族から取材・報道を自粛するよう申し入れを受け、現地の報道陣が「節度ある取材」を申し合わせたほか、各社共同の取材申し込み電話を一日一回入れるという対策も実施され始める事態となった。

そうした各社横並びの「協調取材」が画一的になりがちなのは当然であり、メディアとしてはもちろん避けたいところである。フリーライターの丸山昇氏が著書『報道協定』(第三書館)などで、権力による「報道管制」につながりかねない方式と評するなど批判的な見解も少なくない。

そのような恐れは拉致問題で、仲介者としての行政の側からも現実化させられた(後述)。だからといって、メディアスクラム対策のような協調取材方式が採用されなければ、被害者本人や周辺関係者の人権、プライバシー侵害を生じさせたり、取材現場で混乱が起きる可能性があることは容易に推測でき、現に前述のような実例が少なからず発生していたのであった。

メディア各社は個性的な報道を目指す「本能」と言うべき方向性を持っている。報道の多様性も、その本能に支えられている。だが、拉致問題や誘拐事件のような場合にメディアスクラム対策が発動されることなく、各社が〝メディアの本能〟のままに取材競争を展開するなら、被害者や周辺関係者のプライバシー侵害につながる場合が往々にして起こり得るのである。

しかも、拉致問題の報道は、北朝鮮在住の被害者家族の安否に関わりかねないという側面もあった。帰国した拉致被害者の言動は、報道の行われ方によっては、北朝鮮に居住している被害者の家族に対する北朝鮮側の処遇や、被害者と一緒に日本で暮らすことを北朝鮮側が認めるかどうかという問題にも影響を及ぼす可能性が予想されたのである。

そうした点が、拉致被害者や家族、さらに支援団体側がメディアスクラム対策を求める最大の根拠となったと言える。

他方、政府の側では、便乗的ながらメディアスクラム対策を利用したい立場にあった。拉致問題は日本と北朝鮮との難しい関係のなかで進展する国交正常化外交における駆け引き材料の一つとしての性格も帯びた。それだけに、政府が取材や報道を政府の思惑の範囲に閉じ込める情報隠しのテコとしてメディアスクラム対策を意識するようになったと思われる出来事が、相次いで起きたのである。

拉致問題におけるメディアスクラム対策が、それまでの事件・事故で取り組まれてきたメディアスクラム対策とは異なる規模に発展し、特殊な意味合いを持つに至ったのは、それらの事情が絡み合っていたためであった。

メディアスクラム対策については、「自ら取材相手のコントロール下に入り、メディアの自主性をどんどん喪失していっている」（山際永三・人権と報道・連絡会事務局長「『拉致帰国者』報道の『犯罪』」＝社会評論社刊・人権と報道・連絡会編著「検証・『拉致帰国者』マスコミ報道」所収）という批判も起きた。確かに、曽我さんが拉致される以前に勤めていた病院を新聞記者が訪問した際には、病院関係者に対するインタビューにまで代表取材方式が取られるという事態になった。メディアスクラム対策が生んだ過剰な自縛的対応と言えないこともない出来事だった。

そうした横並び取材・報道につながりかねないメディアスクラム対策は、メディアの側が安易に容認するべき方式でないことは言うまでもない。だが、拉致問題に限らず、報道の現場で人権やプライバシーへの配慮を視野に協調的な自粛態勢を受け入れざるを得ない一方で、個性的な独自報道を目指して苦闘する記者たちにとって、メディアスクラム的な事態を回避するための有効な対案を示さないままでの批判は説得力を持ち得ない。

自粛の自主性

事件取材を中心に普及し始めたメディアスクラム対策のなかでも、拉致問題における対策の特徴の一つは、前述のように、適用範囲の広がりにあった。

モデル的なケースになったのは、甲府市内の拉致被害者家族への対応だった。地元の被害者家族支援組織が取材窓口になり、九月二六日には新聞、放送、雑誌の全国団体への対策呼びかけに発展し、関係各地にも波及したのであった。

すなわち、拉致被害者五人の一時帰国が決まってからは、「北朝鮮に拉致された日本人を救出するための全国協議会」（救う会）が警視庁の新聞、放送三記者会と協議したのに続き、「北朝鮮による拉致被害者家族連絡会」（家族会）とともに連名で、同年一〇月一一日に新聞、放送、雑誌というマスメディアの中央三団体に、帰国時と滞在中に過熱取材が予想されること、各被害者が家族を残しての帰国で立場が微妙なことを理由に「節度ある対応」を求めた。

同様な趣旨の申し入れは、五人の日本国内の家族からも、地元自治体を通して新潟、福井両県の記者会に寄せられた。

家族らの二項目にわたった懸念は、メディア中央三団体の見解に当てはめれば、メディアスクラム対策を実行する必要性に該当する。そのため中央三団体はこの要請を基本的に受け入れ、対策が全国レベルに発展したのであった。

メディアスクラム対策での最大の課題は、メディア同士が自ら取材方法を調整する上で、その自主性や独自性を被取材者との関係で損なわれることなく、どう確保するかという点にある。そのことは、新聞協会見解が示したように、メディアスクラム対策の内容について、「被害が発生してしまった場合」に、メディア側が他から要求されてではなくメディア主導で打ち出すものとして考案されたことに反映されている。

拉致問題の場合、五人の帰国前の対策は、拉致被害者の出身地の家族や周辺住民ら関係者からの取材自粛申し入れに応じる形でまとめられた。帰国後の対策も、帰国以前の段階で先行的に発生した、各地元での取材の実情を踏まえつつ、家族や拉致被害関係団体からの要請に応じる立場で、しかも、現に発生した事態への対応としてではなく未然防止対策としてまとめられた。ただし、メディア側が自主的判断で許容できる範囲での対策であった。

例えば福井県でのメディア側の対策窓口となった福井県報道責任者会議は、代表取材を求めた事前の家族からの申し入れに対し、いったんは家族側に個別取材を認めるよう再考を促した。結果的に代表取材を受け入れた際も、取材申し合わせに「個別取材は本人、家族の了解の下に行うのを原則とする」という文言を入れ、個別取材の可能性を残すべく努めた点に、メディア側の自主性を示したのであった。

拉致被害者の帰国後の対策が、メディアスクラム状況が発生することを予測して立てられたという点は、新聞協会などの「見解」が、対策を打ち出す場合をメディアスクラム被害が発生し始めた段階として限定的に扱っていたのに対し、被害関係者の要請に十分配慮する形で「見解」の枠を広げてまとめたともいえる。そのことは、「受け身の対応」と解釈される余地とともに、メディアスクラムを防ぐためとはいえ「自律的コントロールの拡大」とみられる点でもあり、論議を生む可能性を残したことも確かであろう。

ただ、メディアスクラム対策が被取材者とその周辺関係者の「人権、プライバシー侵害」という被害意識に対応することを目的とするものである以上、メディアスクラム対策を発動するかどうかの決定には、メディア側の一方的な判断だけではなく、直接の被取材者に加え、周辺住民らが〝予想する被害〟も不可欠の判断材料として加えることは自然であるとも言える。

人権と取材・報道の自由のはざまで

新潟、福井両県を中心とする現地での取材自粛は、申し合わせとして具体化していったが、その内容はメディアの側にとっては当然ながら苦渋に満ちたものだった。

新聞、放送、通信一三社で構成する福井県報道責任者会議がまとめた申し合わせはその一つである。具体的には、「追いかけ取材は行わない」「代表取材になる可能性が高い」とし、実際にも代表取材が原則となって、報道の個性を生む基礎である、メディア各社の個別取材を制約する形になった。

一五社加盟の新潟県報道責任者会議の申し合わせに基づく取材自粛方式もきめ細かかった。例えば、蓮池氏夫妻の取材については①自宅や墓地など取材スペースが限られる場所では代表取材が原則②自宅周辺約五〇メートルの取材自粛ライン内には、決められた取材時間以外は入らない——などとされた。

代表取材の方式は、事前に伝えられる被害者側の行動予定に基づき、取材前日に新聞・通信、放送、雑誌ごとに代表取材社を決めて行い、終了後に、市役所などで待ち受ける他社の記者に取材メモを読み上げるという方式が基本となった。

本人や家族さらには周辺住民のプライバシーや生活の平穏など、それぞれの関係者の人権を確保する趣旨ではあったが、ルールというものは、たとえメディアという「取材・報道の自由」に立脚する機関同士の間で成立するものであっても、ひとたび確立に向けて動き始めた場合にはルール違反をできる限り抑制する流れが生まれやすくもなる。

新潟県報道責任者会議の詳細なルール以上に、そうした方向を示したのは、帰国者のうち地村保志さん、その妻の富貴恵（旧姓浜本）さんが住む福井県の小浜記者会が当初示した方針だった。帰国前の一〇月九日付けで福井県報道責任者会議に提出した文書は、二人の帰国者が「福井県内に滞在中は、地村、浜本両家に対して、いつどこにおいても、訪問、電話、ファクスなどの取材方法を含む全ての個別取材は一切禁止する」という趣旨のものだったのである。

報道責任者会議の加盟社から、特に「一切禁止」という文言に反発の声が上がったのは当然だった。ただ、「ルールを申し合わせた以上、それを守る社が損をするという不公平な事態が起きてはならない」という考え自体は、どのようなルール申し合わせの場合でも、生じておかしくないものであるには違いない。

問題は、メディアの活動が取材・報道の「自由」を基盤としていることである。メディアスクラム対策というルールの枠内であっても、その「自由」をいかに、できるだけ広く確保するために工夫を尽くすかという姿勢が問われることになるのである。

なじめない取材自粛、そこから生まれた信頼関係

取材自粛ルールの申し合わせはまた、それを正面から受け止める姿勢が強いほど、自粛の目的すなわち被取材者と周辺関係者の人権、プライバシーの保護を必要以上に意識する傾向を生む場合もある。そのような意識は、申し合わせが成立した初期段階ほど強くなりがちである。

拉致問題でも当初は特に、被取材者側の要請による措置とはいえ、被害者本人の直接取材は、各社ごとに人数を制限した〝記者代表〟に対しても受け入れられず、家族が被害者の言葉を報道陣に知らせるという間接取材方式が採用されたが、そうした事情も影響したと推察される。

その一方で、各メディア間の申し合わせ以降も、メディアスクラム対策から逸脱するような取材方式が各地でみられたのは、過剰な取材ルールに各メディアが拒否反応を示した結果だったともいえる。

例えば、拉致被害者、曽我さんのケースである。当初は家族が曽我さんの言葉を伝える会見さえも行われなかったため、報道陣側から不満の声が上がっただけでなく、新潟県真野町（佐渡島）の自宅前に常時、一〇人以上の記者が待機する状況が生まれた。メディアスクラム対策で防止事項の一つとされる「張り付き取材」であるが、曽我さんの言動が全く伝わらないなかでは、曽我

さん宅を訪れた人の帰り際に様子をたずねるしかない、という事情があったのである。

蓮池薫さん夫妻の新潟県柏崎市でも「張り付け取材」に近い状況が生まれた。取材禁止区域は決められたのだが、その範囲外の場所ではあったが、テレビカメラがセットされたのである。その点とともに、取材車による「追っかけ取材」についても苦情が申し立てられた。

それらの〝問題ケース〟は、拉致被害者と国内在住家族のみならず周辺住民をも含む被取材者側にみられた閉鎖的対応のほか、メディアの側では報道本能がなじみにくいメディアスクラム対策という取材自粛ルールへの反発と解釈できるものでもあった。過剰な自粛ルールは、結局は、自粛ルール自体を否定する動きを生むという点で、検討を要する課題と言えるだろう。

それでも、自粛取材方式がメリットを生んだ面は実際にあった。その第一は、後述する例外的な出来事を除いて、拉致被害者や日本側家族のプライバシーを侵害する事態を防ぐ効果を上げたことである。柏崎市内の奥土祐木子さん（後に蓮池と改姓）宅周辺に取材立ち入り禁止区域を設けた結果、祐木子さんが朝の散歩に出られるようになったのは、その一例といえる。

また、各社が自由に個別に取材したとすれば、被害者ら関係者から一方的に取材を拒否されても仕方のないような場面の取材も可能になった。家族との団らんや、亡くなっていた親の仏前での帰国報告、学校の同窓生との懇親など、プライベート色の濃い言動の取材が受け入れられたのである。

各被害者は、北朝鮮による犯罪の被害者であると同時に、政府の対北朝鮮外交の重要な要素になっており、その意味で、一般庶民以上に公人としての性格も帯びる存在となっていた。だからといって、家庭の中まで立ち入っての取材が認められるのは実際には容易でない。

それが可能になったのは、メディアスクラム対策としての代表取材などで、被取材者の平穏をできるだけ保とうとするメディア側の対策が誠意と努力と理解・評価され、拉致被害者とその関係者との間に信頼関係が生まれた結果だったと言える。

第三章
独自取材への衝動

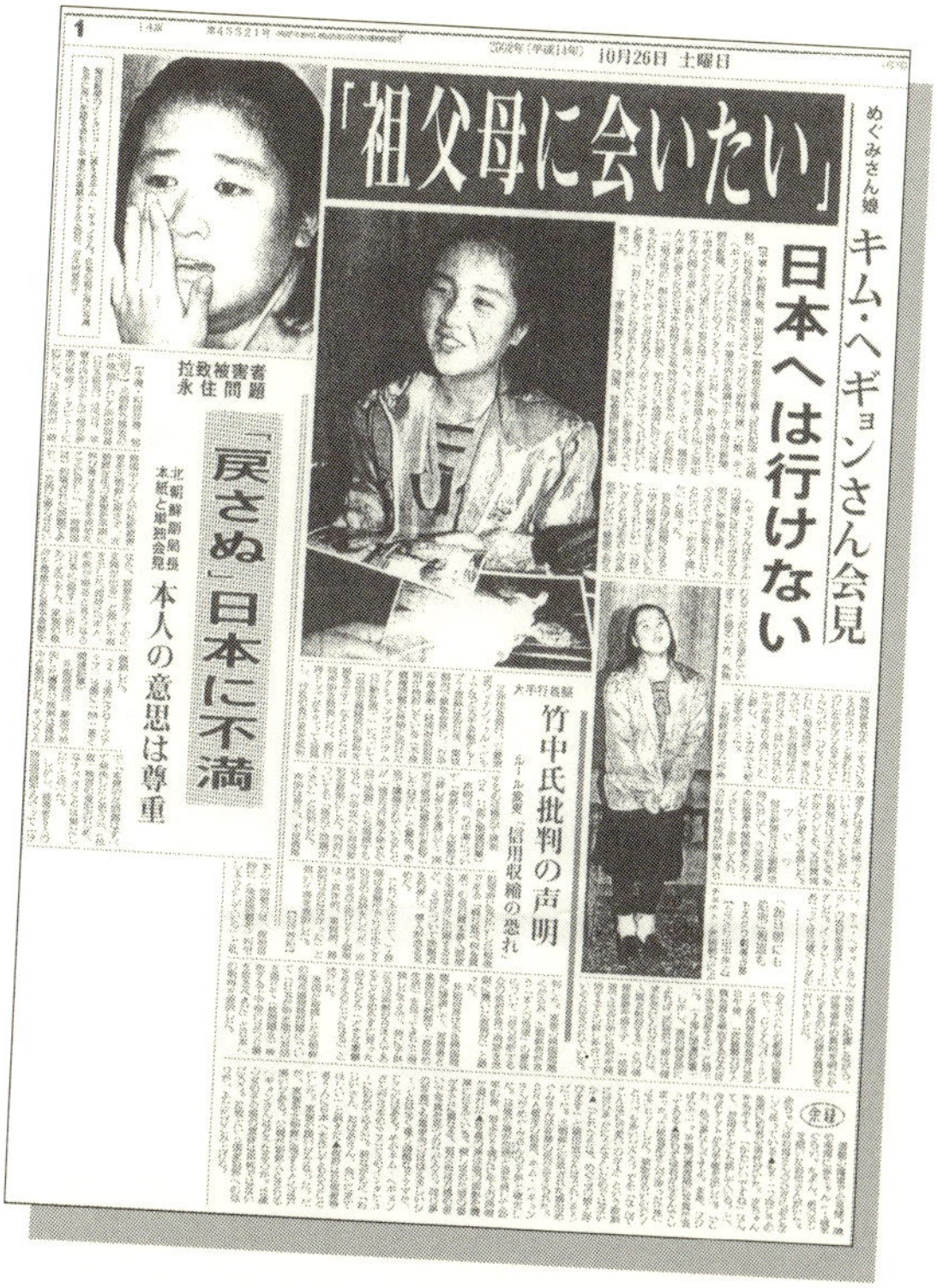
10月26日　土曜日

「祖父母に会いたい」

めぐみさん娘

キム・ヘギョンさん会見

日本へは行けない

拉致被害者永住問題

「戻さぬ」日本に不満

北朝鮮副局長 本紙と単独会見

本人の意思は尊重

竹中氏批判の声明

キム・ヘギョンさん会見を伝える新聞記事＝毎日新聞、2002年10月26日

盲点突いた個別取材

だが、メディアスクラム対策から、メディア各社の独自性や個性の発揮を制約することになるという構造的な問題点が消えることはありえない。それが、メディア各社のストレスを蓄積させていったことは当然の成り行きだった。

そうした流れのなかで行われた二件の独自の取材・報道は、内容の新しさと相乗して、メディア各社に大きな衝撃を与えた。

その一つは、北朝鮮側が「死亡した」と発表した横田めぐみさんが、拉致後に北朝鮮国民と結婚してもうけたとされる長女、つまり横田滋、早紀江さん夫妻にとっての孫キム・ヘギョンちゃんに、朝日、毎日新聞とフジテレビが二〇〇二年一〇月二五日に現地で同時インタビューしたケースだった。その内容は、フジテレビが同日夕方からの特別番組で、朝日、毎日新聞は翌二六日の朝刊で報道した。

もう一つの出来事は、曽我さんが北朝鮮で結婚した相手で北朝鮮に在住している夫と子どもたちを「週刊金曜日」がインタビューし、その内容を掲載した同年一一月一五日号を販売する直前の一四日早朝、曽我さん宅を訪ねて渡すとともに、コメントを得ようとしたことだった。

各インタビューは、拉致被害者やその関係者の取材・報道に関して各社が合意したメディアスクラム対策という観点でみると、「代表取材」という枠を越えた取材ではあった。ただ、拉致問題に関するメディアスクラム対策では、その対象として想定していたのが「日本国内にいる関係者への取材」ということが暗黙の了解事項となっていたと言える。北朝鮮での三社のインタビューは、その意味において〝盲点を突いた独自取材〟と言えた。

そうしたインタビューを行ったこと自体については、一部の週刊誌が「北朝鮮の思惑・宣伝に乗せられた」という趣旨で激しい反発を見せたものの、新聞や放送各社のほとんどは「ルール違反」として大きく問題視することはなかった。それは、インタビューが行われた場所が北朝鮮であったことのほか、〝とにかく情報を入手し国民に提供すること〟がメディアの基本作業であるという考え方が、ほぼ共通した認識になっていたためといえる。

一方、閉鎖体制ゆえに情報操作しやすい北朝鮮という国の当局の了解を得て行われたそれらのインタビューが、主に一部週刊誌が反発する理由とした、北朝鮮側の宣伝的な狙いの実現に寄与する結果となる可能性をはらんでいたことは確かだろう。従って、メディア側のそれぞれの取材・報道は、そうした北朝鮮側の宣伝的な思惑との間に距離を置き、いかに自主性を貫けるかが問われたケースともなった。

それゆえに、各々のインタビュー報道では、インタビューの内容以外に、インタビューがなぜ、北朝鮮側のどのような思惑の下に実現したのかをどの程度、国民に伝える報道を行ったかという点もポイントとなった。それは、読者や視聴者など報道の受け手が、インタビューの内容を評価するのに不可欠な要素だったからである。その点では各社間に多少の差がみられた。報道の多角性という点では、毎日新聞が目立っていた。

北朝鮮側の思惑を極力抑える報道を行ったメディアについて、「引き続き取材機会を得られるよう便宜を図ってもらいたい」という意思が働いていたのではないかと考えるのは、取材・報道の現場を経験したものにとっては、ごく自然に働く推測であった。

「週刊金曜日」の場合は国内での独自取材の試みも伴ったという点で事情が異なっていた。北朝鮮でのインタビュー結果を曽我さんに伝え、コメントを取ろうとする形で、日本国内でのメディアスクラム対策としての代表取材の枠を越えようとした形になったのである。そうした取材に対し、同誌が他メディア、特に週刊誌の強い反発を招いたのは、インタビューの報道内容が、五人の拉致被害者の北朝鮮への〞帰国〟を求めていた北朝鮮側の要求に合致し過ぎていたという印象を与えかねなかったこととともに、〞メディアスクラム対策破り〟と受け止められたためであろう。

これらに続き、「週刊朝日」が地村夫妻へのインタビューを「断りなく」録音したうえ、「報道してほしくない」との意思を地村さん側が明示していたのに、二〇〇三年一月二四日号でインタビュー内容を掲載したケースも、やはり代表取材でなく独自取材を指向した例だった。

個性のある取材に向けた努力はともかくとして、地村夫妻との約束違反を追及された結果、「週刊朝日」側が、取材の基本ルールを逸脱し、信義に反するものだったとして謝罪させられたことは、メディア全体の信頼にも響きかねない問題だった。

ただ、各メディアが日本国内で独自取材を目指そうとする動きを象徴する事例となったことは確かだったと言えるだろう。

募るもどかしさ

メディアスクラム対策の枠内での取材は、特に初期段階では隔靴掻痒の度合いが強かった。「家族が被害者の様子を見て、それを代表取材の記者に語り、その記者がクラブなどで各社に伝えるという伝言ゲームのような情報伝達の過程で言葉が正確に伝わらず、被害者本人が『言っていないことが新聞に出ている』とこぼしたという話もあった」（若菜英晴・毎日新聞東京本社社会部副部長「本人の言葉、表情をより正確に」＝『新聞研究』2002/12No.617所収）。

もちろん、拉致被害者を代表で取材したメディアの記者が聞いた内容をまとめ、他社に伝える取材メモは、被害者の言動を忠実に再現すべく作成されたはずである。とはいえ、個々の記者が知ろうとする内容との間に差が生じることは避けにくい。「記者からは『聞きたいことが聞けない』『被害者本人の発言なのか、家族が推測を交えて語っているのか、判断しかねる』『発言の趣旨がよくわからなくてもその確認ができない』といった不満が多く聞かれ、もどかしさはぬぐえなかった」（前掲若菜氏論文）。録音テープが再生される場合もあったが、被害者側の思いの真意に迫ろうとする記者ほどいらだちを募らせたのは当然だった。

代表取材や家族を通しての間接取材ゆえに拉致被害者の「真意」との間に齟齬が生じた一例は、二〇〇二年一〇月二〇日に地村さんの父親、保さんが「保志は、北朝鮮側から『用がないから帰れ』と言われた」と語った旨、報道されたケースである。メディアの側は、北朝鮮側の冷たい姿勢を象徴する言葉として受け止め報道した。

ところが、保さんは報道の直後、改めて代表取材記者に「(保志さんが北朝鮮側から告げられた言葉は、北朝鮮側にとって保志さんらが)帰国している間は用がない、という意味で、私が早合点していた」と説明し直した。保志さんが子どもたちを連れ返らなかった理由を保さんからたずねられた際、実際に語っていた言葉は、「(北朝鮮側から)『用ないんや』と言われたけど、連れ帰っても心配だった」ということだったというのである。保志さんにとって、この件の報道が、北朝鮮に残してきた子どもたちに対する北朝鮮側の対応に影響を及ぼすことが懸念されるものだったため、即座の訂正説明を保さんに求め促したのであろうと推察された。

それにしても、個別取材は無理だったとしても、代表取材でなく、少なくとも各メディアが各社ごとに記者を出席させ質問もできる共同取材であったなら、保志さんの言葉の真意を確かめるための質疑が、より多く行われた可能性があり、誤解が生じる恐れは軽減されていたはずである。その意味において、この件は、代表取材という方式が被取材者にとってプラスになる範囲には限度があることをも示したのであった。

間接的な代表取材による誤解が生じる余地をなくすためにも、メディア各社が個性的な報道を行うためにも、代表取材から少なくとも共同取材、さらには個別取材に切り換えていく要望は現地報道陣の間で次第に高まり、一歩一歩ではあったが試みも進められていった。

福井県では、読売、朝日両社が報道責任者会議で、自由に取材できる場を模索することを主張した。各社も異議を唱えることなく、「広いスペースがある場合であって、混乱は防止する」ことを条件として、家族側の了承も取り付けることができた。

最初のステップとして実現したのは、保志さんが出身小学校で同級生とキャッチボールを行う件について、各社共同ではあるが個別に記者を派遣して実施する取材だった。混乱防止策として、各社の記者、カメラマンや車両の数も制限はしたが、ともかく個々のメディアが取材できる方式が実現したのである。

この取材が順調に行われたのをきっかけに代表取材方式からの脱却も進み始め、一一月には、家族に対する個別取材も実現するに至った。

遠い自粛ルール解除

新聞協会などマスメディア中央三団体が二〇〇三年三月三一日、帰国した五人の取材について、個別取材や自由な質疑ができるよう、家族会と「救う会」に申し入れたのは、そうした流れの延長線上でのことだった。

申し入れは、①五人が『永住帰国』を決断している②地域の一員として日本での暮らしになじんできており、自身が置かれている状況も理解するようになってきた――などの事情を指摘し、「異常な取材制限」を続ける必要性が薄まってきたことを指摘した。

取材の協調自粛はあくまで例外的な対策であり、個別取材こそが本筋であることを被取材者側に改めて知らせた申し入れであった。拉致被害者については、その時点になっても代表取材と共同記者会見が依然として原則とされていたためであった。

だが、家族会と「救う会」の二団体は翌四月一日、個別取材に応じることを拒否する回答書を示した。理由として挙げたのは、被害者はそれぞれの家族が北朝鮮に残っているため微妙な立場が継続している、という事情だった。

拉致被害者たち自身は、北朝鮮という独裁国家で長期間生活してきた影響から脱してきたようだった。それは、帰国当初は硬かった被害者たちの表情が、家族や友人との交流を続けるなかで徐々に穏やかになり笑顔も見せるようになったことからもうかがえた。発言も、ある程度、日本での束縛の無い環境を反映した自由な内容へと変化していった。

だが、家族を北朝鮮に残している状況では、被害者たちが日本で行う個々の発言が、その内容によっては北朝鮮に居る家族にとって好ましくない扱いを北朝鮮側から受けるきっかけになる恐れが解消したとは言い切れないということも否定しにくい事実だった。

家族会事務局長の蓮池透氏は、東京地区マスコミ倫理懇談会が二〇〇二年一月二八日に開いた例会での招きに応じて懇談したが、その際、「家族全員が帰国するまで代表取材が続くのか。いつ頃になれば本人に接触できるのか」という質問に対し、「個人的には、すぐにでも取材を受けて話してほしいと思っている」と述べた。同時に、「(被害者には)私たちの質問にすら答えてもらえないことがある。また、メディアの質問には非常に神経質になっている」とも語った。この発言に先立ち、透氏は「(帰国被害者たちは)金日成バッジを外した今も、北朝鮮に家族を人質に取られていることをおもんばかって、変に刺激しないように気遣っている。人質が帰国できれば、彼らの口は自然と開くし、個別取材も可能になるだろう」と述べた。人質の帰国がかなわない状況では個別取材への対応は無理だという、透氏らの見解は依然として変わらなかったのであった。

個別取材実現のチャンス

実は、代表取材から脱却して個別取材へ移行する足がかりをつかめそうな機会は三団体の申し入れの前年にめぐってきていた。「週刊現代」が二〇〇二年一一月一六日号で「地村保志・富貴恵夫妻に本誌が単独会見　マスコミ初」と題するインタビュー記事を掲載したのである。

その内容は、地村夫妻の帰国後の食事など近況についての軽いやり取りを中心として、北朝鮮については観光地として知られる金剛山の様子を話題にした程度のもので、掲載誌が公表されても北朝鮮在住の家族の処遇に影響を及ぼしそうなものではなかった。

それが注目に値したのは、同誌によれば、保志さんの父親の保さんから「平常ダイヤに戻ったいまだからこそ、マスメディアの人に会わせてやりたい。保志は身内や親戚には笑顔で話すが、外部の人たちとはまだ接触していない。だからひとつ訓練のつもりで会ってもらえないか」との申し出を受け、単独インタビューとして対応、実現させたのだという。

つまり、個別取材について、メディア側の要請に基づいてではなく、拉致被害者家族の側から求め、被害者も取材への対応を応諾したというわけである。

「週刊現代」の記事をみても、保志さんが積極的にインタビューでの質問に答えた様子はうかがえない。それでも、ともかく富貴恵さんとともに個別取材に応じたということは、各メディアが個々に、あるいは個別取材を地村さん夫妻に対してだけでも共同で申し入れ、実現に向けた突破口を作り出せる機会だったかも知れなかった。

だが、インタビューの内容を報道することについては、地村さん側と「週刊現代」の側で互いの意向にすれ違いもあったようで、その後の個別取材は前述のような形で展開されるにとどまった。

第四章 浮上した落とし穴

03年(平成15年)5月18日 日曜日 14版 第2社会 34

資料を断りなくメモ、記事に
拉致被害者の立場に思い欠く

曽我さん家族の住所報道

本社調査の結果

拉致被害者曽我ひとみさん＝新潟県真野町＝の北朝鮮に住む家族の詳細な住所を朝日新聞が報じた問題で、本社は17日、報道の経緯の調査を終えた。その結果、本紙記者が取材先に断りなく資料をメモし、記事にしていたことが分かった。

この調査結果には取材の経緯や取材先に触れる部分がありますが、取材先の了解を得て記事にしています。

調査によると、曽我さんのもとに北朝鮮から手紙が届いたというニュースが、13日付の他紙朝刊で報じられた。本紙記者は同日朝、このニュースを追うため、真野町内の取材先を訪ねた。取材先は机の上にファイルを広げ、報道機関からの問い合わせなどで電話の応対に忙殺されていた。ファイルには封書の表書きのコピーがあった。

記者は取材先の机に立ち、差出人の住所などをメモした。取材先はそれまでの記者との信頼関係から、書き写されたりするとは全く思っていなかったという。

記者はいったん部屋を出た後、再確認するため再び入室。別の人しかいなかったが、机の上にあったファイルで無断で照合して、メモを手直しした。メモの内容を記事にすることについて取材先の了解を取っていなかった。

記者は、北朝鮮の家族の住所がこのニュースを先行して報じた他紙にない新しい要素であり、手紙が間違いなく家族から届いたことを示すデータになると考え、原稿を書いた。

記者が書いた原稿は、新潟支局でチェック役のデスクが目を通した後、東京本社に送られ、複数のデスクを経て13日付夕刊に掲載された。

本社ではプライバシー保護のため、住所を記事にする場合は基本的に細かい地番まで記していない。しかし、外国の住所だったこともあり、プライバシーに思いが至らず、詳細な住所がそのまま紙面化されてしまった。

東京のデスクらには、この住所にかかわる部分が本紙記者による独自取材の結果という意識はなく、発表された情報をそのまま書いたと思いこんだ。

取材から紙面化に至るまで、この住所記載で曽我さんと家族に重大な不利益が生じる可能性があることに気づき、指摘する者はいなかった。

◇

調査チームは、曽我さんが抗議文を本社に寄せたのを受けて14日に発足。取材した記者本人、取材先、原稿に目を通した社内の関係者からの聞き取りや照合など検証活動を進めた。この調査結果は、本社の報道による人権侵害の救済を図る組織として社外委員で構成する「報道と人権委員会」に報告。第三者の目で再点検してもらうことにしている。

曽我さんの苦しみ 心に刻む

東京本社編集局長・秋山耿太郎

今回の記事は、何より曽我さんとご家族の置かれた立場に対する配慮を欠いたものでした。取材の仕方についても、取材先の信頼を損ねる行為がありました。

曽我さん、取材先、関係者の方々に重ねて深くおわびするとともに、今後こうしたことを繰り返さないよう全力を尽くします。

曽我さんは、北朝鮮のご家族との連絡が途絶えてしまうことを大変心配されています。その苦しみを私たちの心に刻み、曽我さんをはじめ拉致被害者の方々がご家族と一日も早く再会できるよう、拉致問題の報道に取り組んでいきます。

曽我ひとみさんの北朝鮮に住む家族の住所報道について釈明する朝日新聞記事＝2003年5月18日付け朝刊

曽我さんの抗議

取材自粛を求める根拠とされた拉致被害者側の、北朝鮮在住家族に対する懸念は、単に取材自粛を求める名目にはとどまらない深刻なものであった。そのことは、実際のメディアの報道がきっかけで改めて明らかになった。

朝日新聞が二〇〇三年五月一三日付け夕刊で曽我さんの北朝鮮在住の夫ジェンキンスさんから届いた手紙について報道した記事のなかに、平壌市内の住所を集合住宅の部屋番号まで含めて具体的に書いて紙面に掲載したことが、そのケースとなった。

曽我さんは翌一四日、内閣官房を通じて朝日新聞社長宛に抗議文を出した。内容は、「朝日新聞の記者が真野町役場にあったファイルに記載されていた北朝鮮在住家族の住所を盗み見て、了解も得ないで記事にした」ことにより、「その記事を見て、多くの手紙がその住所に送られることは避けられない。今後、私からの手紙が届かなくなったり、不利益が生じたりした場合、どう責任を取るのか」と問う趣旨だった。

抗議文の「心の底から強い抗議を表明し、謝罪を求めます」という言葉に加え、共同記者会見に朝日新聞記者が参加することを拒否するという意思表示から、報道によって生じかねない影響に対する曽我さんの衝撃の深さと憤りの強さがうかがえた。

曽我さんの抗議は、取材・報道という面においては主に二つの問題点を指摘していた。第一は、「盗み見」と「了解も得ないで」という取材手法。二つ目は、曽我さんや北朝鮮の家族に及ぶ可能性のある悪影響についての配慮欠如の報道という点である。

この抗議に対し朝日側は、一五日付けの朝刊で、抗議を受けた事実と内容とともに、秋山耿太郎編集局長名で、「了解を得ないまま差出人の現住所などを詳しく報じたことは、プライバシーへの配慮が足りず、曽我さんの心を傷つける結果となりました」とし、「取材の経過については現在、詳しく調べています」とわびるコメントを掲載した。

また、秋山編集局長名の正式な謝罪文書を同日、曽我さんに内閣官房経由で届けるとともに、社内に調査チームを設け、取材から報道に至るプロセスの検証を開始したこと、抗議や苦情が一五日夜までに約八〇〇件も寄せられたことを一六日付け朝刊で明らかにした。

さらに一八日付け朝刊では、検証・調査結果を発表した。

それによると、「盗み見」について、朝日新聞記者は真野町内の取材先(朝日は取材源の秘匿の観点から明かしていないが、真野町役場の支援室職員を指すとみられる)が机の上にファイルを広げて電話の対応に追われていた間に、ファイルにあった曽我さん宛封書に書かれていた差出人の住所などをメモした。

そのメモの内容を記事にすることについて取材先の了解を取らないまま原稿を書き、新潟支局のチェック役のデスクが目を通した後、東京本社に送られた原稿を複数のデスクを経て夕刊に掲載した。そのプロセスにおいて、「この住所記載で、曽我さんと家族に重大な不利益が生じる可能性があることに気づき、指摘する声は出なかった」とした。記事化に当たり、曽我さんの確認・了解を取らなかった点については言及していなかった。

担当者処分に発展

この調査結果に対する曽我さんの反応は極めて厳しかった。同月二〇日付けで曽我さんは、家族会、「救う会」との連名で朝日側に「まったく納得できない。これでは今後安心して朝日新聞社の取材を受けることはできない」として、再調査とともに、関係者の処分を含む具体的な再発防止策を取るよう文書で申し入れたのである。

曽我さん側が不満とした主な点は、①取材記者名が不明②同記者に朝鮮語の翻訳などを手伝った社内の人間がいたのか③曽我さんの同意を得ずに原稿を書いた理由④新潟支局や東京本社のデスクが、住所掲載について曽我さんの同意を得ていたかどうかを確認したのか⑤曽我さんから抗議を受けるまで、住所記載が重大な人権侵害だと気づかなかった理由――などだった。

朝日側はその六日後の二六日、「報道機関として公表できると判断したものはすべて公表した」とし、編集幹部が曽我さんに会って謝罪したいとする謝罪書を曽我さんや家族会などに送った。しかし、曽我さんが回答を求めていた七項目の質問への答えがなかったことなどから、曽我さん側は「質問に一切答えず不誠実きわまりない」として、共同会見への朝日の参加を拒否する措置を続けることを伝えた。

そのまま対立が解消しなければ、朝日側にとっては、独自取材ではなく共同会見という場ではあっても、曽我さんへの直接取材のルートを失い続けることになる。「報道は情報収集から始まる」という事情からみれば最悪な状況である。

そんな事態のなかで、朝日側はドラスティックな処分に踏み切った。同月二九日、秋山編集局長の取締役役員報酬を一か月間三〇％減額としたほか、東京本社地域報道部長、新潟支局長を減給処分に、取材・執筆記者と原稿を点検する立場にあった新潟支局次長や、同部次長兼社会部次長、編集局長補佐の四人を譴責処分とした。秋山編集局長は、横滑りながら編集局を離れ販売担当とされた。社内では「予定の異動」との見方もされていたが、事情をつかめない社外には〝衝撃的な更迭〟と映りそうな異動だった。

処分は、編集局の曽我さんへの対応が、曽我さんの不満を解消するどころか、一層かきたててしまったことの責任が問われた結果であろう。また朝日全体としては、週刊朝日記者の〝勇み足的〟な取材・報道を含め、拉致被害者に対する印象を悪化させたという事情のほか、一連のトラブルが社会的評価を低下させる要因になった点をも考慮した処分ともみられた。

朝日側としては、この処分によっても曽我さんの質問にすべて答えた形にはならなかったものの、「社内処分」という曽我さん側の要求には対応し、反省ぶりを伝えた形になった。また、再発防止策として「個人情報保護の重要性を社内に徹底させるため、デスクや記者の研修を充実させる」ことも三〇日付け朝刊で表明した。

その結果、曽我さんも同日発表したコメントで「まだ、もやもやしたものが残っています」としながらも、「もう静かにしておいていただきたいと思います」とし、朝日記者の共同会見参加拒否を解除する意思を示したのであった。

取材・報道の合理性と欠陥

本来のテーマからは、やや離れるが、朝日のこのケースをジャーナリストの在り様という点でみれば、取材・報道者側の行動がすべて否定的なものだったとは言いにくい。

朝日の内部調査によれば、トラブルの原因を作った記者の〝盗み見〟取材の動機は、曽我さんの在北朝鮮家族からの手紙が届いたというニュースについて、他紙が五月一三日付け朝刊で報道したのを追う過程で起きた。その際に在北朝鮮家族の詳しい住所を知った記者は、「他紙にない新しい要素であり、手紙が間違いなく家族から届いたことを示すデータになると考え、原稿を書いた」というのである。

その通りとすれば、この記者の「新しい要素」情報の入手と報道へのこだわりが動機となっていたという点に関し、少なくともその姿勢はジャーナリストとして通常の姿だったといえる。新しい情報に対する執着は取材・報道の原点であることに異論はないだろう。

その住所が書かれたファイルが机の上にあったのを見て住所をメモした点についても同様な面がある。「断り無く見ることができる状態の文書を見る」という行為は、批判的な立場からは「盗み見」と表現されるかも知れないが、取材のプロセスにおいて生じうる情報収集の機会であることに違いはない。

このケースの問題点は、そのような形で得られた情報を報道してもよいと判断するかどうかということであったろう。

だが、曽我さんはメディアの世界のそのようなロジック、在り様に詳しいわけではない。その認識の大きな隔たりが、曽我さんの強い憤りの一因にもなったといえる。

朝日の記者の間では、「取材方法の適否にまで触れた謝罪文を出したことは理解しにくい」という声もあがった。それは、犯罪的な違法手段による取材の場合はともかく、取材手法についてはできるだけ拘束されたくないという、やはり〝ジャーナリストの本能〟を反映した声と受け取れるものであった。

しかしながら、曽我さんの在北朝鮮家族の住所情報を得た記者が、「読者に伝える価値がある」として原稿化した判断については、やはり理解しにくい。その住所が、良いにせよ悪いにせよ北朝鮮政府から特殊な待遇を受けている特殊なグループの特別な居住地と判断できるならともかく、そうと推測もできない住所であれば、日本の読者にとっては、曽我さんの家族が北朝鮮に住んでいるということ以上に、北朝鮮のどこに住所があるのかという点にまで関心を寄せることはほとんどないと考えられるからである。

また、住所が報道された場合の、曽我さんと家族に対する北朝鮮側から予想されるリアクションへの配慮が欠けていた点については、反論不可能なことだったと言える。それは、北朝鮮が異常な独裁体制の下にあるという特殊事情についての認識の甘さに由来していると指摘されても仕方がないだろう。結果としても、問題の原稿については、新潟支局や東京本社のデスクたちもチェックできていなかったのである。

被取材者による規制の恐れ

曽我さんとのこのトラブルは、メディアスクラム防止対策に危険な落とし穴があることを示す結果になった。

メディアスクラム対策の基本は「メディア側の自律的コントロール」である。しかしそれは現実には、被取材者との協議を通じ、被取材者の要望を取り入れつつ形成される。そのために、被取材者の要望がメディア側の自律性を狭める可能性が生じ、「被取材者によるメディア規制」へ変化する可能性さえある。

曽我さんの朝日側に対する抗議と要求には、正当な面があったことは確かである。だが、メディア各社が協調して構築するメディアスクラム防止体制の下では、被取材者が特定のメディアを協調体制から排除する意思を示した場合は、特定メディアの被取材者に対する直接取材が事実上不可能になる。そのような取材拒否によるダメージを免れるためには、特定のメディアの側で多数の処分者を出すほどの事態に発展しかねない、重大な影響を及ぼす場合があり得ることを示したのである。

朝日は、自らまいたタネによる結果ながら、曽我さん側から取材を拒否されたことによって、メディアスクラム防止対策というメディア間の協調的な自律的取材体制そのものから排除される結果を生んだのであった。

逆説めいた見方をすれば、そのことは、協調体制に縛られない自由な取材が可能になったと見えないこともない。だが、その場合の自由取材は、仮に進めることができたとしても周辺関係者への取材のみで、曽我さんのケースのように、本来取材すべき対象すなわち曽我さんに対する直接取材が不可能になるという点でのダメージは、やはり大きなものとなる。メディアにとって、そのような危険は、やはり避けねばならないことであり、それが被取材者にとって、メディアの取材の自主性を拘束する力を生む元になり得るのである。

一般化し過ぎることは控えなければならないが、別のケースでメディアスクラム防止体制が構築された場合でも、単に被取材者側の「取材、報道された内容が意に沿わない」と受け止めたことによって取材を拒否されかねない、メディアにとって危険な場合が起こり得ることを、曽我さんと朝日側の確執は示したともいえるだろう。

確保すべき報道の多様性

実は、メディアスクラム対策の枠組みにおいては、被取材者による取材規制だけでなく、報道規制も発生する恐れは、拉致問題に関わるメディアスクラム対策が家族会など被取材者側の申し出を受けて構築される当初から浮かび上がっていた。同時に、対策の目的について、メディア側と家族会との間のギャップも存在していたのだった。

その事情を明瞭に示したのは、前述のマスコミ倫理懇談会東京支部の例会における蓮池透氏の発言だった。透氏の言葉は、メディア側に対して「節度ある取材」を求めた家族会の側に、メディア側が対策の目的の中心に据えていた人権やプライバシーの保護とは別に、〝家族会の意向に沿った報道〟を求める意思もあったとみられることを示したのである。

以下、その経緯を、マスコミュニケーション倫理懇談会全国協議会の機関紙「マスコミ倫理」No.520（二〇〇三年二月二五日発行）に掲載された、透氏が「拉致事件の取材・報道をめぐって——被取材者の立場から」というテーマで行った例会での講演の要旨と、講演後にメディア側との間で行われた質疑の要旨に見る。

それによれば、透氏はまず、小泉・金会談後に外務省が北朝鮮側から告げられた拉致被害者の生存・死亡情報について、「マスコミ各社は何の裏付けもないままに報道した(中略)もし、それ(死亡の根拠＝筆者注)を確認しなければ、当初の発表が既成事実化してしまって、それで終わりになってしまっていたと思う」と不満を表明した。

一方、拉致被害者の家族は、二〇〇二年一〇月二日に帰国した政府訪朝団から報告を受けたが、家族会として、「調査団の記録については一切非公開にさせていただくとの意向をまとめた」という。ところが、共同通信社は「(政府調査団が訪朝の際、拉致被害者に対して行った)面談記録を入手したので各社に配信してよいか」と承諾を求めてきたが断ったという出来事、及び、その翌日に、富貴恵さんがテレビの生番組で面談記録の一部を話したことから、透氏は幹事社の記者との間で、記録の公開をめぐって深夜までもめたことを紹介した。

透氏は続けて、「このようなトラブルを考えると、拉致被害者が帰国したときには相当の過熱報道が起きるのではないかと懸念を抱いた。そこで」、メディアの中央三団体に対し、「節度ある取材を要請し、ルール作りを求めた」というのである。

この説明から、メディアスクラム防止対策を求めた透氏の動機の、少なくとも一部には、「拉致被害者や家族らの人権やプライバシーが侵害されるのを防ぐ」という、メディア側もその意義を認めている目的のほかに、家族会などが報道されることを望まない情報を、「過熱報道」のさなかにメディアによって開示、報道されたくないという意思があったと解釈できる。

事実、同じ場での発言で透氏は、取材自粛ではなく「報道規制」を求める行動を実際に取っていたことを明らかにしたほか、それに関する考え方を述べていたのである。

一例は、新聞、テレビ計三社によるキム・ヘギョンちゃんのインタビュー報道について、「このインタビューの設定は明らかに北朝鮮の謀略、策略」との認識に立ち、三社に抗議したが、「『明らかに正しい報道』という返事がきたので、その三社が参加する限りは一日一回の記者会見も開かないと申し上げたら、各社が釈明文を出してきた」という出来事である。

確かに、キム・ヘギョンちゃんインタビュー報道のケースでは、メディア側が、北朝鮮の意図を読者や視聴者が理解できるような情報を同時に提供しなければバランスの取れた報道とは評価されないだろう。しかし、インタビューを行い、その内容を報道することそれ自体は、入手できる限り多様な情報を提供するという、メディアの報道の基本に沿ったものであった。インタビュー報道についての透氏の抗議に対し、メディアの側が「明らかに正しい報道」と指摘したことも、同じ文脈での見解といえる。

そのような報道の基本および「言論の自由」を前提とすれば、透氏が〝インタビュー報道の仕方〟について批判、抗議したこと自体はメディアにとっても特に問題視すべき点はない。

だが、透氏が批判、抗議しただけにとどまらず、メディア側と被取材者側の協調に基づいて成立しているメディアスクラム対策という枠組みのなかで、インタビュー内容を報道した三社を記者会見から閉め出す姿勢を示したことは、多様な情報の提供というメディアの報道の基本的な活動を、メディアスクラム対策という枠組みをテコとして被取材者の立場から方向付けしようとした解釈できることであった。

透氏が、メディアスクラム対策の枠組みのなかで個々のメディアに対し、被取材者の意向に沿って、取材の方法だけでなく報道内容まで方向付けるのを実現できるほど強い被取材者の立場を軸として、報道内容まで被取材者のコントロール下に置きたいという意思を抱いていたであろうことも、懇談での発言で明らかになった。

メディア側からの、「われわれはある一面だけに偏らない報道をする役割を担っている。場合によっては被害者にとって不本意かもしれない報道もする必要があると思う。それすらも今はなすべきではないとお考えか。多様な言論、報道ということをどう考えるか」という質問に対し、透氏は「この北朝鮮の拉致問題については多様な意見というのはありえない」と答えたのである。これに対しメディア側が反論したのは当然だった。

質問者は「だとすると、北朝鮮の言い分と変わらないような気がする」と述べた。透氏もさすがに「大きなベクトルは同じ方向にあってほしいという意味で言ったわけで、その中でいろいろな意見があるということに異論を出す必要はない」と説明を加えた。

透氏の報道に対する不満の底に、「これまでのマスコミ報道は、リスクを恐れるあまり、拉致問題をないがしろにしてきた」という、日本のメディアの拉致問題に対する姿勢への批判と、北朝鮮に在住している拉致被害者家族の早期帰国や、北朝鮮側がいまだに消息を明らかにしていない拉致被害者とみられる行方不明日本人の問題などの速やかな解決に対する強い願いがあることは、同じ懇談での発言からもうかがえた。

そのような報道姿勢に対する不満や批判を表明すること自体については、メディアの側としても拒否反応を示す理由は全くない。だが、そうした思いから、メディアスクラム対策の枠組みにおける被取材者の強い立場をテコとして、報道内容をコントロールすべく取材を規制するような対応は、メディアスクラム対策の目的に沿うものではなく、被取材者とメディアの信頼関係を損なうことにつながる。

透氏も、「家族会といっても、少数のボランティアで活動しており、マスコミの力を借りなければ何もできない。われわれの気持ちを代弁していただけるのはマスコミ以外にない」と、メディアの役割に期待を寄せる思いを語った。また、新潟県の地元メディア側に「個別取材が原則であることは理解している」と述べてもいたことは、稲田・テレビ新潟報道制作部長がシンポジウムで明らかにしている。そのような認識は、メディアの側と被取材者の間で協調が成り立つことをうかがわせる。

結局、懇談の場における透氏の一連の発言は、メディアスクラム対策という枠組みの下で、メディアの側も被取材者の声に謙虚に耳を傾けるとともに、被取材者に対して「取材・報道の自由」という原則を理解してもらうべく、意思疎通を適切に図る必要があることを示したと言える。繰り返しになるが、メディアスクラム対策で対象としているのは公人以外の国民であり、それゆえにメディアの取材・報道の論理や実情に詳しいわけではないとみられるからである。

第三者の取材介入

一方、拉致問題では、メディアスクラム対策におけるメディア側の自律性が、〝取材仲介者〟〝取材調整者〟という役割を担った行政や警察などの第三者によって浸蝕される可能性があることも明らかになった。

象徴的なのは、曽我さんが二〇〇三年三月に東京の病院で肺がん手術を受けるため一二日から一九日まで上京していたのに、取材窓口役の真野町が「終日、自宅にて過ごします」などと発表し隠していたケースである。

虚偽発表が判明した後、新聞やテレビなど一五社で組織した新潟県報道責任者会議は町長に対して抗議した。その際の町長の説明によって、入院前日の一一日に、真野町に対して「内密にするようにという指示を受けた」と語り、虚偽発表が政府の圧力によって行われたことがうかがえたのであった。

確かに、被取材者のプライバシー保護という観点からは、曽我さんの好ましくない健康状態についての個人情報は、一般的には情報主体たる本人にとって「特に知られたくない個人情報」の一種である「センシティブ情報」に該当し、他者による収集はもちろんメディアによる報道という形での公表も認めにくい種類の情報であることは間違いない。

ただ、曽我さんは拉致被害者であることが明らかになった時点から、曽我さん自身の意向とは別に、日本と北朝鮮の間における外交の重要な要素になったという意味で「公人」的な性格をも帯びるに至った。そのため、手術を受けたという事後の報道も許容されたと言える。

このケースで明らかになった問題点は、メディアが自律的に判断すべき曽我さんの入院という情報の扱いを、単に取材の仲介者にすぎない真野町と、その上部に位置していたとみられる政府という行政側が判断し、偽りの情報を流したという点にある。

そのような情報の取り扱いについて、取材仲介者がメディア側に対し、被取材者の意向に沿った要望などの意見を表明することまでは否定できないだろう。このケースでみれば、政府と真野町側が仮に、「ガン手術の件は、執刀の結果が良好と分かるまでは、報道されては好ましくない情報だ」と判断したのだとしても、そのことに関連するスケジュール情報をメディア側に伝えた上で報道の自粛を求める、という方法も取り得たはずであった。

取材仲介者としての行政側の過剰介入に対する懸念が杞憂といえないことは、例えば真野町内において、曽我さんが帰国して間もない時期から、政府側の取材に対する介入が問題化していたことに示されていた。二〇〇二年一〇月二四日には、政府が「追いかけ取材した」として放送二社に抗議する事態も起きた。

こうした経緯のなか、佐渡島の現地報道陣の間では、「町は、政府側の代弁者になってメディアに接しているのではないか」などといった趣旨の不満の声が上ったのである。

メディアスクラム対策は、メディア側が自律的に行うべき取材コントロール措置である。その際に、被取材者側から取材方法について要望が寄せられても、受け入れるかどうかはメディア側が自律的に判断することが必要で、過剰な自粛を強いられ応じることはメディアスクラム対策の趣旨にそぐわない。

他方、行政は国民に対する説明責任を負っている立場で各メディアの取材に対応することが求められる。従って、「一般私人」である被取材者の人権、プライバシー保護を目的とするメディアスクラム対策の直接の対象にはなりえない。そうした立場の行政側がメディアスクラム対策に絡んで取材自粛を要求するようなことは、越権に類する対応の仕方であった。

メディアスクラム対策は、人権やプライバシーの保護という本来の趣旨からみて、行政の関わり抜きで行うことが理想だろう。ただ、被取材者とメディア側の間の単なる連絡役を引き受けるだけでも、限られたマンパワーで取材を行っている各メディアには重荷になる。特に取材要員が少ない地方では、順番制であっても厳しい社が少なくないだろう。現に、負担が重くなりがちな地元に基盤を持つメディアから不満の声が上がった事実もあった。

それだけに、住民（拉致問題では被害者）に対する行政サービスの一環として自治体がメディア側との連絡役を引き受けようとするのをメディア側が受け入れるのは、現実的な対応と言えた。

しかし、そのような役割を担うことにした自治体や、連絡役になった自治体を介して政府が取材規制につながるコントロールを行おうとすることは妥当ではない。そのような動きを政府や関係自治体が示した場合、メディア側はコントロールを排除すべく毅然とした対応をする必要がある。

曽我さん関連の取材では、曽我さんの中学生時代の同級生を読売新聞記者がインタビューしようとしたところ、同級生から取材を断られたばかりか、曽我さんの支援者という地方議会議員までが「報道被害」を理由に抗議するという一幕もあった。〝取材仲介者〟の役割を務めたつもりだったらしいその議員は、曽我さんの妹に対する取材に対しても謝罪文を要求さえしたのである。

こうした周辺関係者による取材仲介で問題が生じた場合の対応は、困難な面があることは確かだろう。表現・報道の自由についての認識の落差から問題が生じることもあるためである。そうした際に、メディアの側が抗議するか、相手を納得させるべく説明に努めるべきかはケースバイケースで判断するしかないとみられる。

前代未聞の取材源探索

メディアスクラム防止体制の下で起きた曽我さんと朝日新聞のトラブルと性格は異なるが、一定の枠が設けられた取材・報道が権力の統制を受ける恐れを強めることが極端な形で示されたのは、小泉首相が二回目の北朝鮮訪問に出かける間際の出来事だった。

金正日総書記との二回目の首脳会談で、小泉首相は「人道支援」という名目により「食糧二五万トン」を一〇〇〇万ドル分の医薬品とともに提供することを申し出た。この支援措置表明のタイミングが、拉致被害者の在北朝鮮家族五人が父母のもとへと出国することを北朝鮮が認めたこととと連動した形になったため、帰国した小泉首相は、家族会だけでなく与党内からも「身代金代わりの支援ではないか」と厳しく批判された。

実際には、批判の声は再訪朝の六日前から上がっていた。日本テレビが五月一六日夕方の報道番組で事前に報道していたためだった。

その報道に対する首相官邸側の反応は、少なくとも戦後では前代未聞のものだった。以下、読売、毎日新聞など各メディアの報道で一連の経過を見る。

日本テレビが内閣記者会などに明らかにした説明によれば、発端は飯島勲・首相秘書官が同じ一六日の夜、「日朝交渉を妨害するために報道したのではないか。取り消しを求める。応じないなら同行取材を認めない」と抗議してきたことだった。翌一七日には、官邸報道室が外務省報道課に「同行取材の手続きは日本テレビを外して進めるように」と指示しており、官邸側の〝報復意思〟が相当に固いものであることが明らかになった。

一八日に飯島秘書官は、接触してきた日本テレビ政治部員に対し、「どこから出た話なのか、情報源を明かせば同行を許可する」と述べ、抗議の目的に、情報源探しを含めたことを明確にした。日本テレビが情報源を明かすことを断ると、「代わりに雑誌社を加える」と言明したという。

メディアにおける情報源の扱いについては、記事の受け手と送り手によって意義が異なる。受け手にとっては、「情報源を明記した報道ほど信頼性が高まる」ということになるだろう。その情報をどこから入手したのかを知らせることは、「情報の信頼度を判断する手掛かりを与える」（日本新聞協会研究所『いま新聞を考える』）からである。

一方、送り手にとっては、情報源を明示しつつ、情報源から得た情報を元に報道を行う場合、報道内容を入手情報の本来の趣旨と異なる形に歪めれば情報源から抗議を受けやすくなる。そのような意味で、正確な報道を行う方向でのプレッシャーとなる。

しかし、常に情報源を明示できるわけではない。特に、不祥事、疑惑に関する情報や影響の大きい問題についての情報を入手した場合は、情報源を秘匿しなければ情報源との信頼関係は失われてしまう。

ジャーナリズム独特の任務は公権力や企業など特定勢力を監視し、公共的、公益的な分野における不正、疑惑を追及することにある。そうした問題ほど、情報を提供してくれる情報源を秘匿しなければならないゆえに、ジャーナリストは情報源の秘匿を最高の記者倫理としているのだ。そのような観点からすれば、日本テレビ側の飯島秘書官に対する抗議は当然の対応だった。

最終的には、官邸側は細田官房長官が一九日午後になって、「行き過ぎ」た反応があったことを認めたうえで、「同行は従来通りの形で行っていただく」と、ペナルティー案を全面撤回し、日本テレビの取材チームも、約一二〇人に上った同行取材団に加われたのである。

このトラブルについて小泉首相は同日、「全然知らなかった」と記者団に語った。しかし、その言葉を信じた国民はほとんどいなかっただろう。小泉首相は、週刊誌が国民年金に加入していなかった期間があったことを報道する直前に、その件について飯島秘書官に説明させた。そのように、批判を浴びせられそうな機会を巧みに避ける対応を、この問題でも示したと言える。

公権力が報道の自由に干渉しようとする動きは、国民主権を基本とする戦後日本の憲法で、その自由が保障されるようになったにもかかわらず、折りに触れて繰り返されてきた。

その典型例は、沖縄返還に絡む日米政府間の密約に関する外務省公電漏洩事件である。その密約問題を取材した毎日新聞の政治部記者が七二年、情報源となった外務省事務官に公務秘密を漏洩させるようそそのかしたとして国家公務員法（守秘義務）違反として有罪判決を受けた。

アメリカではその前年、国防総省がマクナマラ国防長官の下でベトナム戦争に関する米国政府の政策ミスを詳細にまとめた、いわゆるベトナム秘密報告文書をニューヨーク・タイムズが入手して報道し、ワシントン・ポストが追随した。

これに対し、当時のニクソン政権は「国家秘密に当たり、報道は国益を損なう」として報道差し止めを求める裁判手続きを取った。だが、米連邦最高裁は裁判官の多数判断ながら、憲法修正第一条が保障した報道の自由に基づき、政府の差し止め請求を退け、フリープレスの国にふさわしい対応を行ったのであった。

ほぼ同時期に、政府が「国家秘密」を理由に報道を制約しようとしたことへの両国の対応ぶりは、まさに民主主義の奥深さの違いを鮮やかに浮き立たせた。

日本ではその後も公権力が報道、言論を制約しようとする動きは、後述のメディア規制関連法の制定問題を含めて続発してきたが、小泉政権の下では特に顕著になった。

そのケースは数々重ねられた。一例は、二〇〇二年に完成した新首相官邸への一般記者の出入り規制である。旧官邸では国会記者証と国会バッジがあれば入れたのに、新官邸では事前許可制になった。二〇〇四年の自衛隊のイラク派遣に当たっては、最終的にはメディア側の抗議で撤回、変更したものの、当初は取材対応しないという、民主主義国の政府としては信じ難い方針を打ち出した。

同じ年の一月には、東京・立川市内の防衛庁官舎に自衛隊イラク派遣に反対するビラを入れた市民団体のメンバー三人が住居侵入の容疑で逮捕され、七五日間も拘留されたあげくに起訴された。言論活動に対する重大な侵害との批判が起きた事件である。同年六月二日には、竹中経済財政・金融相の警護官が首相官邸で取材のため竹中氏に近づいたテレビ朝日の記者ともみあいになり、マイクのコードを引きちぎってマイクと発信機を地面にたたきつけたうえ、記者が胸に下げていた記者カードを引きちぎって持ち去るという事件も起きた。

いずれも、行政学者からさえ「独善的秘密主義」という批判を浴びたほどの小泉政権の下でなければ起こりえなかったようなトラブルであり、小泉政権が歴代内閣のなかでも報道、言論にとって特に危険性の強い政権であることを認識させた出来事だった。

日本テレビに対する北朝鮮訪問同行取材拒否という極端な報道規制は、そのような小泉政権ならではの対応だったが、取材が一定枠内に規制されざるを得ない北朝鮮という特殊地域だからこそ首相官邸が介入・規制できたことでもあった。

メディアスクラム防止体制はもちろん、そのような公権力による取材の直接規制とは趣旨もパターンも異なる、メディア側の自主的な取材調整である。とはいえ、取材の枠付けという面では類似性もある。そうした性格を持つメディアスクラム防止体制に公権力が介在する場合は、よほど注意しないと公権力による報道規制につながりかねない危険性があることを、日本テレビに対する同行取材拒否問題もうかがわせたと言える。

第五章
メディアスクラムの系譜

脳死患者の家族から臓器提供の承諾を受けた高知赤十字病院の開発展之院長の会見に詰めかけた報道陣＝1999年2月27日、高知市新本町で：読売新聞社提供

初のメディア横断対策

北朝鮮拉致問題で未曾有の規模に達したメディアスクラム防止対策の、そもそもの始まりは、二〇〇二年四月だった。

家族の了解もないまま担当医師が患者に筋弛緩剤を投与し死亡させた——神奈川県川崎市内の病院でそうした疑いが浮上し、安楽死か殺人かをめぐって各メディアが取材に動き始めたことがきっかけだった。この事件は、それまでにメディアスクラム対策の基本的な方針を固めていた新聞とテレビにとって、それぞれが打ち出した「見解」に基づく対策を協調実施する初めてのケースとなった。

対策に踏み切った背景には、医師が勤める病院に三〇人近い報道陣が詰めかけ、「出入りする通院患者の迷惑になる」として病院側が報道幹事社に善処を求めてきたという事情があった。その後の医師側に対する取材は「代表取材」方式を採用し、メディアスクラム回避に努めた。この段階では、雑誌側はまだ統一見解をまとめていなかったため、メディア全分野の横断対策にはならなかったが、メディアスクラム対策がシステムとして動き始めたのであった。

メディア横断のシステム的な対策が確立される以前に、雑誌を含む全メディアの協調的対策が実施されたケースもあった。ベテラン女優の息子が関わった覚醒剤取締法違反事件の公判が二〇〇一年二月に横浜地裁川崎支部で行われたことが契機になった。

「公判終了後、（中略）初の本人インタビューを取ろうと芸能リポーターがマイクを突きつけ、テレビカメラマンが約四〇台のカメラを向けた。歩道いっぱいの取材陣にもみくちゃになった結果、弁護士のズボンは破れ、持っていた本が落とされて踏みつけられた。」（橋場義之・上智大学教授「事件報道の実態と改革への取り組み」＝学文社『新版　現場から見た新聞学』所収）。弁護士は「責任者は出てこい」と叫び、激しく抗議した。

ＴＢＳ報道局の羽生健二編集主幹によれば、「これを契機に、民放連はこの種の集中豪雨的な取材に何らかの対応策が必要と思い定め、動き始めた」（「集団的過熱取材から同時多発テロまで」＝「新・調査情報」2002/3—4 No.34）。結局、新聞、雑誌を含めたメディア三分野の初の協議が行われ、求刑、判決公判の際の取材ルールを取り決め、混乱を防ぐことにしたのだった。

メディアの全分野横断的なメディアスクラム防止体制が構築されるまでには、後に見るように、国民の人権意識の高まりがあったが、その傾向にメディアの側の問題意識が希薄なまま推移してきたことが、メディアスクラムを深刻なものにし、公権力側の批判まで招いてきたといえる。

その流れを概観する。

敵視されるメディアスクラム

大都市を中心に組織されてきた報道ウオッチ団体のひとつ「人権と報道関西の会」が『マスコミが　やってきた！』（現代人文社）というタイトルの編著書を出版したのは二〇〇一年一月だった。京都市内の小学校で九九年一二月、小学生が若い男にナイフで切りつけられ殺害された事件で、メディアの取材陣が最高時には推定三〇〇人を超え、児童を含めた住民に入れ替わり立ち代りの取材を展開し、なかには、「遺体を収めた棺にクリスマスプレゼントを入れるのを撮影したい」と求めた「テレビレポーター風の女性」まで現れたという。たまりかねた住民側が取材攻勢を緩和させようと共同会見を申し出ざるを得ないほどになったという「地域住民に加えた凄まじいまでの取材・報道被害」ぶりをまとめたその書籍のタイトルは、メディアスクラムについての取材対象者の側からの表現と言える。

多くの犠牲者を出した薬害エイズ事件では、安部英被告の弁護士が二〇〇一年三月に東京地裁で開かれた判決公判の前に、取材の規制を求める仮処分申請を申し立てた。ＮＨＫ、民放五社と写真週刊誌三社に対し、判決の当日には被告の周囲半径一〇メートル以内に近づかないように求めたのである。ただ、事前に関係メディア側が自粛の姿勢を打ち出したため、裁判所は仮処分申請についての判断を示さなかった（羽生氏の前掲論文）。

特異な事件に関する例とはいえ、メディアスクラムに対する警戒心の強さと高まりぶりをメディア側に思い知らせたケースだった。

メディアの取材・報道に絡む人権侵害が、犯罪容疑者についてだけでなく、犯罪被害者から事件発生場所近辺の住民も含めた周辺関係者にまで強く意識され問題化するケースが目立ってきたのは九〇年代半ばごろからだった。九四年に死者が七人に上った松本サリン事件は後にオウム真理教教団による犯行とされるに至るが、それまでの間、被害者の一人、河野義行さんが容疑者扱いされた例は、過渡期の事例と言える。メディアにとっては痛恨のケースだった。

犯罪容疑者についての報道は、「判決確定前は無罪が推定されねばならない容疑者に対する、メディアの犯人扱い報道」として批判の対象になってきたが、犯罪被害者や周辺関係者にかかわる集中的過熱取材として主に指摘されたのがメディアスクラムである。

新聞協会の人権・個人情報問題検討会が、その問題について「見解」をまとめる際の調査対象としたケースは、

神戸連続児童殺傷事件（九七年）
和歌山毒入りカレー殺人事件（九八年）
ＪＲ桶川駅女子大生殺害事件（九九年）
練習船「えひめ丸」と米潜水艦衝突沈没事故（二〇〇一年二月）
有名女優二男の覚せい剤事件公判（二〇〇一年二月）

東京・浅草の女子短大生殺害事件（二〇〇一年五月）
大阪教育大付属池田小学校児童殺傷事件（二〇〇一年六月）
の七件だった（山口寿一・読売新聞法務室次長「信頼されるメディアの姿を確立するために」＝『新聞研究』42002/1 No.606）。

女子短大生殺害事件では、被害者宅のマンションに詰め掛けた報道陣約三〇人に対し、帰宅した父親への申し入れで即席の共同インタビューが比較的平穏に行われたものの、他の事件、事故ではメディアの集中的取材が周辺住民らからまで問題にされ、厳しく批判されたケースだった。

和歌山毒入りカレー殺人事件では、朝日新聞大阪本社の法花敏郎・地域報道部長は『新聞研究』(99/10 No.579）に寄せた新聞協会賞受賞に関する論文で、「事件発生以来、狭い地域に報道陣が殺到し、地域の平穏な生活が妨げられた。たまりかねた住民は玄関に『取材自粛』の要請文を張った。後に、法務局、弁護士会は『節度ある取材』を求めた。（中略）『真実の発見』が報道機関の使命であるとはいえ、すさまじい報道合戦は地域のみなさんにはご迷惑だったと思う」と、他のメディアを含め、この事件の取材が生んでしまった問題点を振り返っている。

その事件の報道ぶりについて、二〇〇二年一二月一一日に和歌山地裁で判決を言い渡した小川育英裁判長はメディアに異例な問題提起を行った。

小川裁判長は、「社会的に極めて高い注目を浴び、その結果、異常な報道取材が行われ、被害者らが精神的に強いストレスを感じた」と指摘し、メディアスクラムによる〝報道被害〟が起きていたことを確認した。それが「真相解明を遅らしかねず、事件の捜査、審理にも影響を及ぼしかねないものだった」とも述べたうえで、「国民は犯罪報道に何を求め、報道機関はどのような情報を取材、提供すべきなのか、さらなる議論を待ちたい」と提言したのであった。

三年後の池田小学校児童殺傷事件でも類似の事態が起きた。以下、取材に当たった産経新聞の徳永潔記者が『新聞研究』2001/9 No.602に寄せた論文「事件の本質は遺族の悲しみにある」によれば、「取材は一切お断りします」という張り紙が複数の遺族宅にかけられた。

それだけではなく、メディアに対峙する存在が一層、社会的な広がりを見せもした。「専門家やカウンセラーらが大規模な陣容を組んでメンタルサポートチームを編成。『(中略)児童への直接取材はご遠慮願いたい』と報道陣に申し入れた」。そのうえ「大阪府警も約六〇人という異例の態勢で犯罪被害者支援班を組み、女性警察官を遺族に派遣。自宅を取り囲む報道陣に『真夜中に呼び鈴を何度も鳴らされ、遺族の方が参っている。何度鳴らされてもお答えしない』と遺族の希望を伝え、時には警察手帳を出して取材を控えるよう求めた」というのである。

メディアスクラム対策の諸相――避けるべき「事前申し合わせ」

それらの苦い経験を踏まえ、新聞、テレビ、雑誌という性格が異なるメディアが協調して対策を実施する体制を整備するに至ったのである。だが、北朝鮮拉致問題に見たように、メディアの側には常に苦渋がつきまとっている。とはいえ、回避できない問題だけに、メディアの側は経験を重ねるなかで最適な対応方法を模索せざるを得ない。メディアスクラム対策にはどんなパターンがあるのか、拉致問題以外のケースはどのような教訓を示してきたかを見てみたい。

対策の類型については、視点によって複数のパターンが考えられる。

その一つは、対策を決め実施するタイミングである。

新聞協会の「見解」では、「不幸にも集団的過熱取材の状態が発生してしまった場合、報道機関は知恵を出し合って解決の道を探るべき」とし、事前の予測による対策実施は想定していない。この方式は、取材の対象者や周辺関係者からみれば「後追い対策」とされる可能性がある。ただ、メディアの側にとっては、メディアスクラム対策で最も注意しなければならない「過剰な取材自粛」を避けることと、取材による人権侵害防止を調和させるぎりぎりの選択に基づく方式とも言える。メディアとしては、事前の対策取り決めは極力避けるべき、という立場である。その前提としては、報道以前に行う取材の段階でも人権侵害的な方法は当然避けるべきという認識がなければならない。

北朝鮮拉致問題では前述のように、拉致被害者その人を対象としたメディアスクラム防止対策は帰国以前の段階で申し合わされた。その点では、「見解」が示した手順とは異なる。ただし、帰国前の拉致被害者の家族に対する取材が既に過熱と受け取られ、メディアの側が苦情や取材自粛申し入れを受けていただけに、このケースは厳密には「事前の対策申し合わせ」というより、「集団的過熱取材の状態が発生してしまった」段階での申し合わせと見ることもできるだろう。

他方、オウム真理教教団信者殺害事件で実刑判決を受けて服役していた〝教祖〟の妻が二〇〇二年一〇月に和歌山刑務所から出所した際の取材の場合は、典型的な対策の事前申し入れだった。民放連の経過調査（「集団的過熱取材対応・関連資料集」二〇〇三年二月）によれば、出所の当日、新聞協会編集委員会に対して妻の弁護人から、集団的過熱取材状況が予測されるので、何らかの措置を取るよう求める手紙が届けられた。これに対し、新聞、通信社やＮＨＫ、和歌山放送で組織している和歌山編集責任者会議と、大阪の民放テレビ五社で構成する在阪民放報道部長会は個別に協議したが、「集団的過熱取材が予測される事態とは考えられない」という、取材対象者側とは異なる判断をまとめた。ただし、和歌山編集責任者会議が弁護人に、出所の当日、弁護人の記者会見を行うよう求め、会見が実現した。

このケースは、安易に横並びの取材自粛に応じなかった対応として記憶されてよい事例と言えよう。

困難な取材拒否への対応

対策の申し入れが誰から行われたかという観点のパターンもある。

北朝鮮拉致問題での申し入れは、被害者の家族と支援組織から行われた。メディアスクラムにより被害意識をかきたてられる側からの申し入れである。

対策が目指すものは、取材対象者が被害意識を抱かざるを得ないような事態を極力抑えることにあるという点からみて、取材対象者からの申し入れは基本的なパターンと言える。

そこで生じる問題のなかでも特に困難なのは、取材対象者も一員である民主主義社会にとって欠かせない報道の意義が取材対象者や周辺関係者に理解されずに、メディア側との摩擦が生じる場合だろう。川崎「安楽死」事件で、取材・報道の意義が理解されないまま取材を回避しようとする事態が起きたのは、その一例である。

朝日新聞の粕谷卓志・横浜支局長のメディアスクラム対策現地リポート(「初期に申し合わせ—これからが正念場」=『新聞研究』2002/8 No.613所収)によれば、「いわゆる集団取材ではないのに、報道被害をことさら訴えようとするケースも今回あった」という。すなわち、「ある関係者宅に行った時に、呼び鈴をならして『ご在宅ですか』と聞くと、奥さんらしき人がインターホンに出て「今はいません」といった。そのまま帰ったら、抗議電話が支局にあり、『妻が怖がっている』と訴えてきた」というのである。

取材・報道が活発に展開されている日本だけに、自分の周辺で何か事が起きれば取材される可能性があることは、一般国民も漠然とながら感じると思われる。しかし、実際に取材される立場に立ってみると、わずらわしさのほか、取材テーマによっては取材に応じた場合に何らかのリアクションがあるのではないかと心配する気持ちが生じることもあり得るだろう。そうした反応は、必ずしもメディアスクラムに対してだけでなく、通常の取材でも生じ得る。

そのような取材対象者が取材に協力してくれるかどうかは、報道の意義を理解してくれるか否かにかかってくるだけに、対応が難しい。しかし結局は、取材協力はあくまで「任意の協力」である以上、相手に取材の意味を理解してもらえるよう十分に説明する以外にない。その作業はメディアスクラム対策以前のものであるとも言える。

公権力経由の自粛申し入れ

岡山県津山市に住む医師の妻が突然行方不明になったのは二〇〇二年六月だった。その直後に別人がキャッシュカードで預金を引き出したことが判明し誘拐かと推察されたため、取材に向かった山陽新聞社の記者に対し医師は報道自粛を求め、山陽新聞も報道を控えた。しかし、五日後に岡山県警が公開捜査に踏み切り、医師宅周辺に二〇社以上のメディアが押しかけるメディアスクラム状況が出現した。さらに、警察がマークし始めた男性宅にも十数社のメディアが詰めかけ、男性はメディア側に取材自粛を求めた翌日、自殺体で発見されるという事態まで起きた。

その経緯を『新聞研究』(2002/9 No.614) 所収「人権尊重が取材対象との距離を縮める」で以下のように報告したのは、山陽新聞の広岡尚哉・社会部副部長である。大きな特徴は、メディアスクラム対策の申し入れが県警広報室を通して行われたことだった。

医師が「昼夜を問わず、自宅に押しかけられ精神的疲労はピークに達している。これ以上の取材はやめてほしい」、「事件が解決した際や長期化した場合、気持ちの整理がついた段階で会見という形で取材に応じたい」と伝えてきたというのが県警の説明だった。

これに対し、県警記者クラブ所属の新聞、テレビ、通信社計七社は緊急対応措置として申し入れを受け入れ、「良識と節度ある取材」を申し合わせた。その結果、テレビも含めて医師宅周辺の取材態勢は縮小され、医師は後日、幹事社に「地元の記者に理解していただいただけでもうれしい」と伝えたという。医師のその言葉から、県警から間接的に伝えられたメディアスクラム対策の必要性が実際にあったことが裏付けられた形になった。

ただ、公権力経由で行われる取材自粛の要請への対応は慎重さを要する。公権力側は、警察に限らず一般行政官庁でも、事が決着するまで情報を占有し、メディアや一般国民の関与を避けるなかで結論をまとめようとする傾向が、ほとんど習性になっているためだ。そうした公権力の対応は往々にして公権力本位の発想で処理され、公権力にとって不都合な情報を隠す事態が繰り返されてきたのが、この国の実態である。

誘拐事件では通常、警察側の捜査協力の申し入れに基づきメディアが自主的に報道協定を結ぶ。その際、「警察は事件にかかわるあらゆる情報を報道側に伝えるべき」（日本新聞協会「取材と報道」2002）との立場を基本としている。公権力の監視を重要な機能とするメディアの存在意義にかかわる対応である。

津山事件における警察側の「取材対象者の取材自粛申し入れを取り次ぐ」というパターンは、メディア側の報道協定締結を視野に入れつつも、「あらゆる情報を報道側に伝える」という、誘拐報道協定に関して警察側がメディア側から要求されるような責任を負わずに済むという点、さらに、取り次ぎの前段で取材対象者と警察側の協議が行われるプロセスが、取材対象者が保有している情報のうち警察側が伏せておきたいと考える情報をメディアの側に公表しないよう示唆あるいは求める機会になり得るという二つの点で、取材・報道制約を生む可能性があることに注意しなければならない。

もちろん、取材対象者が警察や中央省庁、自治体などの行政機関あるいは臓器移植ネットワークのような公的機関を通じて取材自粛を申し入れてくるケースは実際に起こり得る。また、新聞協会の集団的過熱取材対策小委員会がメディアスクラム対策の「見解」を取りまとめた過程では、報道被害救済弁護士ネットワーク（LAMVIC）と懇談した際、「約三〇人の弁護士が当番制で活動している実態を聞いて、『メディアスクラムの橋渡しをする第三者に（警察ではなく）なってほしい』との期待の声もあがった」（平田・産経新聞東京本社編集局次長「大波にもまれるメディアスクラム対策」＝『新聞研究』2002/11 No.616所収）という。先のオウム真理教〝教祖〟の妻の出所取材でも、弁護人側から対策の申し入れが行われたことは見た通りである。

日弁連が九九年に開催した第四二回人権擁護大会の「人権と報道」シンポジウムの実行委員会メンバーがまとめた『人権と報道』（明石書店）では、兵庫県弁護士会が当時、「特別委員会である犯罪被害者支援協議会が重大事件について犯罪被害者のもとに出向き、意向を聴取した上で、マスコミの取材申込みに応対すること」などを検討していたことを紹介したが、そのような傾向は今後広がっていくことが予想される。

状況に応じて多様な対応の仕方はあり得るが、メディア側としては、間接的な申し入れをそのまま受け入れるのではなく、極力、取材対象者と直接協議できる場を確保し、取材対象者の協力をできるだけ取り付ける努力が欠かせない。

第六章 メディアを駆り立てるもの

本誌が単独会見

マスコミ初

「24年間はやっぱり長すぎた」

「ヤッちゃんは、だんだん変わってきとる。それは確かや。最近じゃ同級生とは大きな口開けて笑っとる。でもワシはまだ何にも聞いてへんし、二人きりでゆっくり話しておらん……。ヤッちゃんの本当の気持ちはまだつかめてないんや。

ヤッちゃんの根本が変わったとは思わん。きっと今は(北朝鮮に残してきた)子どものことがあるから何もできへんのや。だからワシとも目を合わせられんのや。あの伏し目がちの表情は、『助けてくれ』と言うとるんです。

24年間はやっぱり長すぎた。その間に起こった変化に慣れるまで、ちょっとばかし時間がかかってしまうんや。でも家族全員が帰国できて、時間さえたてば、昔みたいなひょうきんで明るいヤッちゃんに戻るやろ……」

息子、地村保志さん(47歳)の帰国から2週間。記者会見でも「(生活が)平常ダイヤに戻り、以前の息子に戻りつつある」と嬉しそうに語っていた父、地村保さん(75歳)。しかし表情も暗く、思い悩んでいる様子の保志さんを見て、保さんの胸には不安がよぎっている。

「ずっと北朝鮮でつらい思いをしてきたんや。ワシのことをなんで助けてくれんかったと恨んだとしてもおかしくない。大好きやった母ちゃん(とも子さん)も死んでもうたしな。それに帰ってきたら、ヤッちゃんは父親になっとった。ワシにとってはいつまでたっても子どもなんやけどな……」

10月29日に日朝国交正常化交渉が始まり、日本政府は5人の拉致被害者とその家族ともども永住帰国を北朝鮮政府に主張している。

5人の被害者は友人や家族に囲まれて昔の生活リズムを取り戻し、表情も穏やかになったように見える。"北朝鮮に拉致された日本人を救う会"の関係者もこう話す。

「他の人にくらべて上流の生活をしていたらしく、一番日本の生活に戻れるのかと心配された蓮池薫さんの表情も優しくなり始めている。心境の変化があったのではないか」

福井県小浜市に帰郷中の地村保志さん、富貴恵さん(旧姓・浜本、47歳)夫妻も、最近ではすっかりリラックスした様子を見せていた。

帰国当日に、早くも若狭弁を取り戻して郷里を明るくしていた富貴恵さんはもちろんのこと、当初たどたどしい標準語だった保志さんも、今は

「拉致を認めたんなら、すべて返せばいいのに、なんで返さんのや。そこが北朝鮮の一番信じられんとこや」と、前進しない被害者の永久帰国交渉にいら立つ地村保さん。日朝国交正常化交渉が終了した10月30日には保志さん夫婦が「子どもの返還をお願いしたい」と永久帰国に前向きな姿勢を見せ始めたという。

父・保さんは「まだ昔のヤッちゃんやない」と苦悩するが、では実像は…

「マスコミ初」の拉致被害者単独インタビュー記事を伝える週刊誌＝『週刊現代』2002年11月16日号

〝過熱取材〟を招くニュース

読売新聞第二社会面の短信欄に「25例目の脳死移植へ」という見出しの記事が掲載されたのは、二〇〇三年一〇月七日付け朝刊においてだった。通常の一行一二字より四字多い一六字ではあったが、全体の行数は見出しを含めてもわずか八行という、いわゆるベタ記事だった。同じテーマの記事は、朝日新聞でも同じ日付けで掲載されたが、朝刊第三社会面という、さらに目立ちにくい面で、やはり一三行のベタ記事という扱いだった。

日本で臓器移植法に基づき、脳死判定を経て脳死状態と認定された患者の臓器を別の患者に移植するための摘出手術が最初に行われたのは一九九九年二月二八日、高知市の高知赤十字病院でのことだった。その際の新聞記事は一面や社会面でいずれもトップを飾っただけでなく、他の面や社説でも取り上げられ、その後も学識者の対談記事や解説記事を含めた続報が大きな扱いで掲載された。

テレビも、通常のニュースより長い内容で全国放送するなど、メディアの対応は大がかりだった。その取材は、メディアスクラムが問題化するきっかけの一つになったほどの激しさで繰り広げられたのであった。

脳死という、人の死のタイプのひとつである厳粛な出来事であるにもかかわらず、関係者のいる病院に各メディアが集中し、病院側からは後に「携帯電話をかけながら、患者の家族に話し掛けた記者もいた」（九九年四月二八日付け読売新聞朝刊特集面）と指摘され反省を迫られた。家族や病院関係者はもちろん、それ以外の来院者らの顰蹙（ひんしゅく）をも招く過熱気味な取材が展開されたのだった。

それほどのニュースだったテーマが、二五例目となるとメディアスクラムの懸念が解消されていることを、冒頭紹介した短信ベタ記事は示した。その違いから、メディアを過熱させるニュース性の要素もほの見えてくる。

ニュースとは何か

どのような場合にメディアはメディアスクラム状態に突入していくのだろうか。総括的に言えば、取材対象のニュース性が特に大きく豊かな事象についてである。

では、そうした特徴を持つニュース性の要素とは何なのか。脳死移植の最初のケースでは一面トップなどで大々的に報道された同じテーマが、二五例目ではなぜベタ記事になり、メディアの注目度が劇的に低下したのか。

ニュース性については、これまでも様々な角度から内外で分析されてきている。送り手の視点における最も広く包括的な定義は、ニューヨーク・タイムズの題字横に書かれている有名な"All the News That's Fit to Print"（印刷に適するすべてのこと）というものだろう。また、受け手の側からみれば、「知るに値するすべてのこと」ということになるかもしれない。ただ、そうした定義では広すぎて、つかみどころに欠けるうらみがある。

これに対し、一九三三年の関一雄著「新聞ニュースの研究」で提示された、「ニュースとはもっとも新しき、もしくは、現在に関連せる古きあらゆる事物の存在、変化、滅失、進展、現象の事実を、多数の人々に興味と知識を与えんがために印刷せる報道」という定義は日本で初めてとされ（武市英雄氏「ニュースとはなにか」＝日本評論社『新聞学』第三版所収）、ある程度具体的なイメージも浮かぶ。事象の新しさ・古さに関わる時間性、それに伴う事象の変化など事象そのものの性格のほか、ニュースを受け取る側からみた情報の価値といった分類である。

しかし、一九六五年に日本新聞協会の新聞整理研究会がまとめた「新聞整理の研究」で示されたニュースの八要素ともども、「ニュースもニュースを選択する価値観も動いている」ので「さらに再検討の要があるかもしれない」（一九九〇年再版『マスメディアの科学』所収「活字メディア《新聞》」松木修二郎氏）とも言われる。

そうした事情を前提としつつも、メディアスクラムを引き起こすほどのニュースには、通常報道されているニュースとは異なる特徴があると見てよいだろう。そのようなニュースの要素は、ある程度絞り込める可能性もあると考えられる。該当しそうな要素をピックアップしてみたい。

通常のニュースと共通する要素ではあるが、やはり欠かせないのは新奇性である。それも、単に「新しさ」だけではなく、その報道に接する人にとって関心をそそる「奇」の性質があることを要件とすると言えるだろう。

脳死患者からの臓器移植でみれば、アメリカなど海外では既に行われていた。しかし日本での初のケースは、特別なルールが無かった当時の一九六八年、札幌医科大学で初の心臓移植が行われた、いわゆる〝和田心臓移植〟であり、担当医が刑事責任を問われかけた。それ以降、三〇年近くも臓器移植法のようなルールが定められず、脳死判定も、それを経た臓器移植も行われないまま経過してきた。高知県のケースは、臓器移植法という特別なルールに基づく最初の脳死移植事例としての新しさをもった出来事だったのである。

また、人の死のなかでも脳死は通常接する死とは異なって、患者が眠っているかのように見える死であり、いわば非日常的な「奇」の性格を持った死である。しかも、脳死患者の臓器の提供を受ける別の患者は、移植を受けられなければ座して死を待つ状況に置かれ続ける立場にある。そのような患者が、ある人の脳死を契機に死の恐怖から解放され得るというドラマティックな効果を生みうるのが脳死移植であるだけに、多くの人々の関心を集め得る特別な「奇」の性質を持っていると言える。

しかし、新奇性だけでは通常報道されるニュースとメディアスクラムを発生させるようなニュースとの違いは、依然として区別しにくい。メディアスクラムにつながるようなニュースの場合は、新奇性に加え、通常のニュース以上の「希少性」が構成要素に加わる。

新聞やテレビが報道する情報の中には、旅行やイベント情報などもある。それらは報道に値するだけの「新しさ」を備えた情報が選択されるわけだが、重大性も、影響度に関係してくる公共性もさほど大きいとは言えない。また、それらより重大性が強い、例えば政治家の引退や殺人などの凶悪事件についての情報であっても、数多くみられるケースの一つではメディアスクラムは発生しにくい。その事象が、滅多に起きないことという意味での希少性が加わることによって送り手・受け手の関心が高まり、メディアの集中的な過熱気味な取材を生じさせる可能性が出てくる。

しかも、初めての脳死移植の場合は、さらに「重大性」と、その延長において、ニュースの大きさを増幅する要素としての「影響度」の強さが加わる。

脳死患者からの初の臓器移植は、人の死に関わるという点だけでも新奇性、希少性とともに重大性がある。脳死移植を政府が認めないままで経過していた間、日本の移植希望者は海外に出向いて移植手術を受けるケースが目立った。そうまでしても移植の機会を得られないまま死亡してしまう患者も出ていたことは、重大性を増幅させる要素にもなっていた。

そうした経緯から、脳死判定に基づく臓器移植の早期制度化を求める声が高まり、政府も審議機関で審議を重ねた末に臓器移植法が制定されたというように、国の行政のテーマにもなるほど重大性を帯びると同時に影響度の高いテーマになっていたのである。

加えて、移植希望者が外国に出向いて手術を受けるためには、費用が千万円台になることもある。そのため、有志の関係者らによる街頭募金活動が行われ海外での移植が実現されるケース、すなわち社会的な広がりが生まれていた。

しかも、脳死移植については、「完全に死亡したとは言えない状況の脳死患者の生を完全に断ち切る行為であり、生に対する冒とく」という反対論も根強く、それが医療問題としてだけにとどまらず、倫理的、宗教的な問題としても、医療関係者から哲学者まで幅広い範囲で議論を巻き起こすテーマとなっていた。

さらに、日本の政府が認めない臓器移植が、外国のドナーの提供を受ける形で日本人に対して行われることについては、海外で批判的な声が上がっていた。その点においては国際問題にもなっていた事象でもあった。

つまり脳死移植という問題は、人の生死に非日常的な形で関わる点で重大性と「奇」の性格を備え、高知のケースではそれが日本最初という新しさを持ち、さらに従来、海外での移植が好ましくない反響をも生んでいたということなどの絡みで「影響度が高い」と評価できる面があった。それらの事情が相乗してメディアスクラムに発展するほど大勢の報道陣を引きつけたと言える。

他方、拉致問題でみれば、北朝鮮という国の機関員が多数の日本国民を拉致・誘拐し、拉致された日本国民の大半が北朝鮮で死亡したとされ、生存者五人が二五年ぶりに帰国したことは、事件としての新奇性、希少性に加え重大性も帯びている。その出来事が、日本と北朝鮮の外交問題の一要素としても重要なテーマになったことは、重大性を増幅させる影響度の高まりぶりを示した。しかも、その影響度は北朝鮮の核開発問題とも絡み合い、増大し続けたのであった。

もっとも、同じ「メディアスクラム」という枠でくくられるとしても、ニュース性をメディア側が一方的に過大視することにより、メディアスクラムが発生する場合もなくはない。例えば芸能人の息子が引き起こした不祥事について、テレビのワイドショーや週刊誌などの集中的取材がメディアスクラムとして問題化したこともある。そのようなケースは、受け手の興味本位の関心に迎合することを主眼として「作られたニュース性」とみることもできるだろう。それによって起きるメディアスクラムも、真のニュース性と比べて「作られたニュース性によるメディアスクラム」と呼ぶこともできる。

ニュース性低下のメカニズム

日本初の脳死移植と、それが実施されて四年後にベタ記事として報道された二五例目の脳死移植を比べてみると、メディアスクラムにつながるニュース性と、そうでないニュース性の違いは、より明確になるだろう。

臓器提供者と移植希望者の生死に関わる脳死移植そのこと自体の重大性は失われたわけではない。ただ、「二五例目」ということは、脳死移植が普通に行われるようになってきたことを示している。それにより事象の非日常性が薄まり、ニュースとしての「新しさ」は大幅に低下した。当然、脳死移植の通例化に伴って「奇」の性質も薄まり、希少性は失われたと言えるに至った。

また、「少なすぎる」という評価があったにしても、二五例という事態は、定められた法制度の下での脳死移植が問題点を残しながらも軌道に乗り始めてきたこと、その結果、脳死移植の在り方に関する幅広い議論を生み続ける理由も薄らぎ気味になってきたことを示している。現に、日本移植学会は二〇〇三年一〇月までに、ドナーを増やす対策として、一六歳以上の未成年者が脳死移植のために行う臓器提供を一定の条件付きで認める方向を固め、脳死移植が基礎固めから拡充の段階に移行してきたことを示したのであった。

脳死移植が法制度に基づいて容認されるようになったことで、海外での移植手術に絡む問題も減り気味になってきたことをも含め、脳死移植問題の影響度は大きく低下してきたとみなせることになる。二五例目の脳死移植の報道がメディアスクラムのような事態を再発させるどころかベタ記事扱いとなったのは、メディア側のニュース価値判断において、以上のような評価が前提になっていたと見ることができる。

脳死移植について、今後再び、メディアスクラムが問題になるような大がかりな取材が繰り広げられる出来事が発生するとすれば、それは「また脳死移植が行われる」というだけのことではなく、著名人が脳死移植の関係者となった場合や、脳死判定や移植に絡む、本来なら起こりえないような重大ミスの発生といった場合以外には予想しにくい。

第七章
過熱取材へ向かう競争本能

大阪府池田小学校児童殺傷事件を報ずる読売新聞記事
＝2001年6月8日付け夕刊

独自性追求意識の陰と陽

メディアスクラムの背景に、メディア同士の競争があることは疑いない。

メディア批判論の類型のなかには「メディア横並び傾向」についての指摘もある。しかし、報道の独自性を求めるあまり、メディア同士の競争が取材、報道に歪みを生じさせる場合さえあるのが、現実の主たる側面なのである。

ニューヨーク・タイムズさえもが、そのような歪みを経験したのは、アメリカの歴史上初めて、大統領が任期途中で一九七三年に辞任に追い込まれるという事態を招いたウォーターゲート事件の場合だった。ワシントンD・Cのウォーターゲートビル内にあった民主党全国委員会本部の盗聴などの目的による不法侵入事件と、そのもみ消しにニクソン大統領や政権幹部が関与していたことが発覚し、責任を追及された不祥事である。

それほどの事件でありながら、全米のメディアが注目し、ニクソン政権や議会、政府機関など関係者に対する取材が集中して競争が過熱気味になったと言えるのは、政権中枢に追及が及び始め、事件としては終盤に移ってからだったことは、メディアスクラム発生の条件となるメディア間の競争のレベルと在りようをうかがわせる事例とみることができる。

事件報道の中心となったワシントン・ポスト紙は、事後にピューリッツアー賞を受賞したうえ、この取材・報道のゆえに、一躍、アメリカのジャーナリズムでトップの位置を占めていたニューヨーク・タイムズに肩を並べるに至ったとまで評価された。

ニューヨーク・タイムズはもちろん、少なからぬ問題点を抱えつつも世界のメディアの最高峰と評価されている新聞である。そのタイムズほどの新聞でさえ、ウォーターゲート事件の報道に本格参加し始めたのは、七二年六月に五人の不法侵入犯人が逮捕されてから約五か月後の同年一一月、敏腕ぶりが知られていたセイモア・ハーシュ記者が〝参戦〞してからだったという。タイムズ出身のデイヴィッド・ハルバースタムは、「ハーシュが本格的に動き出すまで、タイムズのウォーターゲート事件取材はおそまつだった」と、著書『メディアの権力』(朝日新聞社)で証言している。

ハルバースタムは、ロサンゼルス・タイムズの一部記者が、その事件の関連取材にチャレンジしていたことをも紹介しているが、他の新聞だけでなく三大ネットワークのテレビはもちろん「タイム」などの有力誌も、当初の段階ではほとんどフォローしていなかったとしている。よくいえばワシントン・ポストの独り舞台だったものの、同社のキャサリン・グラハム社主が「こんなに大事件なのに、他の記者たちは一体どこにいるのだろうか」(『わが人生』=TBSブリタニカ)と、他社が取材競争に本格参加してこないことに孤立感を抱かざるを得ない状況で、最高権力との闘いを続けなければならなかったのであった。

メディアスクラム類似状況が起きても不思議は無いこの事件で、なぜ、このような事態が生じたのだろうか。理由のひとつとして、当初段階で既にホワイトハウスの影がこの事件を覆っていることが判明したものの、どのような結末を迎えることになるのかがポスト側でさえ予測しにくかった点をハルバースタムは指摘している。うやむやのうちに終わる可能性がある事件では、メディアとしても個々のジャーナリストとしても取材意欲がわきにくいという面があるからだ。

もっとも、それだからこそ、根気強く取材・報道を続けたポストのボブ・ウッドワード、カール・バーンスタイン両記者と、彼らを支えたポストの編集幹部らが高く評価された理由でもある。両記者に代表されるポスト側にあったものは、ウォーターゲート事件に潜むニュース性のほかに、その取材・報道競争でスクープを連発し続けたことで一層かきたてられた、報道の独自性を追及する意識だったであろう。

一方、他社がこの報道に当初段階で関心を寄せなかったもう一つの理由は、ポストにスクープされ続けたためと推察される。特ダネをスクープされた記者あるいはメディアにとっては、〝抜かれ〟の原因はどうであれ、同じテーマについて後追い記事を書かなければならない事態は屈辱であり、できることなら後追いを避けたいと思いがちになるものである。後追いするということは、遅ればせながら横並びすることであるが、そのような流れでの後追い・横並びには素直には踏みこめないという心情は、競争に熱心な記者ほど抱くはずだからだ。

ハルバースタムは前掲書のなかで、ハーシュが「タイムズは無意識のうちに、ポストの報道が間違っていればよいと思っているのではないか」と考えていたことを紹介している。「ポストの報道がすべて正しかったということになれば（中略）タイムズが完全に敗北したということになる」からだった。つまり、タイムズ側が取材競争へのハーシュの参加まで本格フォローの態勢を取らなかったことは、タイムズがポストとの競争で敗北へのおびえを感じながらも、出遅れ組としての屈辱的な横並びを、できれば避けたかったという事情によっていたということになる。

それほどまでに後追いによる横並びを嫌う心情は、スクープという独自性を追求する意識の強さの裏返しと言える。他社のスクープが大きな問題に関するものであっても、場合によってはその問題が「大きい」と評価でき、「大きい」と評価せざるを得なくなるほど、「ならば黙殺したい」と思う心情が高まる。ウォーターゲート事件へのタイムズの消極的な対応は、逆説的ではあるが、メディアおよびジャーナリストにとっては独自性を求める思いが「競争本能」と言えるほど強いことを示したのである。

ポスト以外の多くのアメリカのメディアが同事件の終盤に取材・報道に集中し始めたのは、もはやニュース性の高さを認めざるを得なくなった状況では、競争によって自身の独自性をアピールしなければならなくなったためと言える。

エスカレートの構図

そのように他社との差別化を目指す独自性追及の意識は、激しければ激しいほど、多彩で豊かな取材・報道につながる可能性がある。と同時に、外見的には「横並び」取材と映りかねないメディアスクラムを引き起こす精神的な要素であり力にもなり得る。

取材・報道が過熱に向かうメカニズムについては、石澤靖治・学習院女子大学教授が著書『日米関係とマスメディア』(丸善ライブラリー)で分析している。石澤教授はワシントン・ポスト極東総局での記者だった時期もあった。その経験を踏まえての分析には、現役記者にとってもうなずける点が多い。

それによれば、先ず、「『他よりも早く、ある事実を報道する』という場合には、ニュースソースへの殺到、それによるプライバシーの侵害などが起こる」。「ニュースソースへの殺到」は、取材・報道対象のニュース性が通常レベルを超える内容であれば、メディアスクラムを引き起こすほどのものになるだろう。

石澤教授はまた、「先を越された他の報道機関が続いて報道を行う際には、前に報道されたことよりも、その度合いのより激しいものをニュースとして探し出すよう努める。そうでなければ、商品として最初の報道とは差別化がはかれないためである」とも指摘する。後追いせざるを得なくなった報道機関は、後追いゆえに取材・報道をエスカレートさせる立場になっていくという構図である。

ウォーターゲート事件でポスト以外の他社が、後追いエスカレートどころか事件を黙殺できなくなる時点までポストを後追いしようとしなかったのは、スクープ競争で敗北続きとなり〝戦意喪失〟状態に陥ったことも一因だったと考えられる。それでも、ニクソン大統領への事件波及が明確になり、連邦議会による弾劾が議論されるというように事態が新たな局面に変化した結果、ポスト以外のメディアも新たな競争のスタートラインにつけるという形になったため、精神的にも〝参戦〟可能となり、関係者に対する各種報道機関の取材殺到という事態が、取材・報道エスカレートの構図で発生していったといえる。

取材・報道のエスカレートは、報道機関の性格によっても生じる面がある。どんなメディアも、特に取材に携わる記者にとっては、大枠として取材対象となる事象について本質に迫ろうとする点には違いがない。ただ、そのような取材・報道のプロセスを具体的に見ると、新聞やテレビニュースでは断片に近いような情報でも、ニュース価値のある生ネタ情報として報道に供する場合が通常である。

これに対し、週刊誌や週刊誌報道に比較的近いテレビのワイドショーなどの場合は、追求する情報に若干の違いが出てくる。週刊誌記者からスタートし、田中角栄首相が辞任に追い込まれるステップとなった『田中角栄研究』の著者、立花隆氏は、著書『アメリカジャーナリズム報告』(文藝春秋)において「雑誌ジャーナリズムの特性」を指摘している。それによれば、雑誌にとって「何より必要なのは、新聞では等閑視されるディテールであり、バックグラウンドの掘り下げ」であり、新聞やテレビニュースで重視される「昨日今日の生ネタ」ではない。

朝刊、夕刊と半日単位の製作に迫られる新聞と異なり、個別事象の取材と原稿執筆により多くの余裕を持って時間をかけられる月刊雑誌において、ディテールの取材を積み重ね、詳細に分析した大きな成果が田中金脈追及の『田中角栄研究』となったわけである。

ただ、多くの雑誌、なかでも週刊誌やテレビのワイドショーでは、ディテールの追求ゆえに取材がエスカレート気味になりがちな傾向があることも事実だろう。取材対象に深く広く食い込まなければディテール情報は得られにくいためだ。

新聞、テレビ、雑誌ともに、競争が取材・報道のエスカレートの底流にある点は同様だが、新聞やテレビニュース番組の場合は生ネタを素材とする速報指向ゆえに、他方、ワイドショーや週刊誌ではディテール情報に依拠する報道を指向するために、それぞれ異なる着目点から取材・報道をエスカレートさせる構造となっているとも言える。

さらにテレビの場合は、カメラクルーが必要という取材技法の面でもメディアスクラムを引き起こす要素を持っている。取材チームひとつを三―五人で構成するということが集中性を高めざるを得ないためだ。

単純横並びと競争的横並び

これに対し、日本のマスメディアに対する伝統的な批判として、競争を抑える「横並び傾向」が記者クラブ批判とセットになる形で論じられてきた。

反面、横並び意識がメディアスクラムを発生させる動機のひとつになる場合もあり得る。激しい競争意識の裏返しは、ウォーターゲート事件におけるニューヨーク・タイムズのように「立ち遅れての横並び」を拒否しようとする意識を生む可能性もあるが、競争意識を一層激化させるきっかけにもなり得るからである。

石沢教授はやはり前掲書で「報道のエスカレーション」のメカニズムを提示している。それによれば、「他よりも早く、ある事実を報道する」というスタンスが競争を激化させる。また、他社にスクープされた場合も前掲文のように、「先を越された他の報道機関が続いて報道を行う際には、前に報道されたことよりも、その度合いのより激しいものをニュースとして探し出すよう努める」。その構図においては、スクープをものにできたある一社以外のメディアの横並び意識が主因となってメディアスクラムを引き起こしかねないということになる。

一方、記者クラブについて、前坂俊之・静岡県立大学教授は「クラブの本質が報道、取材のカルテル」の場であり、「官とマスメディアの癒着、談合が生まれる」（「記者クラブの歴史と問題点その改革」：現代ジャーナリズム研究会編『記者クラブ』＝柏書房＝所収）場であると指摘している。記者クラブに対する批判の代表的なケースといえる。

確かに、指摘されるような傾向を生みかねない面があることは一概には否定しにくい。例えば、筆者が九〇年前後に約二年間所属していた中央官庁の社会部記者クラブでのことである。ある新聞社は退職が近づいている高齢な記者を配置していた。その年輩記者は、各社間で激しい競争の的になりそうなテーマが持ち上がると、「それは当局の発表まで待てばよい」と、競争を牽制するような声を上げることが、ままあった。発表なら、他社にスクープされる脅威からも、スクープするための夜討ち朝駆けのようなハードな取材からも解放されることになる、という思惑によるものとみられた。ある官僚は「ソファに座り切りの〝ソファー記者〟」と呼んでいた。

その記者にすれば、自分の年齢と体力などを考えた上でのアピールだったのだろう。そのような年輩記者を、競争の激しいテーマを抱える官庁の記者クラブに配置した新聞社の人事の適否が問われるケースでもあったが、記者クラブが横並び報道に利用される可能性を示したエピソードとして筆者の印象に残っている。

しかし、このケースは同時に、同じ記者クラブで競争が激しかったことを裏付けてもいるのである。現実に、同じ記者クラブに配属されていた他社の記者たちは年輩記者の言いなりにはならず、競争は排除されなかったのであった。

一方、記者クラブが権力に対して情報開示を迫るメディア側の武器になりうる機能を持っていることを示すケースも、筆者は経験している。

当時、日本で導入された加圧水型原子炉でも初期の関西電力美浜第一原子力発電所で、放射能を帯びた一次冷却水が循環している細管が破断するという、日本の商用加圧水型原子炉では最大級の事故が起き、その原因と対策をめぐる取材・報道が大きなテーマになった。しかし、担当の資源エネルギー庁は、その事故の危険度を象徴する事態が起きていたことに関する情報を、国会でさえも明らかにしようとしないほど隠し続けた。それほどの事故の場合は、時の経過とともに明らかになる情報を記者クラブで頻繁に説明するのが通例だが、当局は途中の段階から説明を行わなくなった。

記者クラブ所属の記者たちのほとんどは、当局の発表以外に隠されている情報がありうることを前提として原因の解析に当った専門学者らを含め、夜討ち朝駆けの取材競争を展開する一方、当局による共同発表も取材の機会として利用していた。様々な情報について公式確認できる場になるためである。その機会を当局が一方的に廃止し、各社の記者たちが日中時間帯に行う個別取材に対しても説明しなくなった。

そのような事態になった時に、記者クラブとして当局に抗議し、十分とはいえない内容ながら、公式発表を復活させたのである。権力に対抗するメディアの関係は、一面的な固定的図式としてとらえるだけでは十分とはいえない。個別メディアの記者と権力という関係のほかに、記者クラブと権力という側面も実態としてみるべきであろう。

メディアスクラム防止対策との関連でみれば、記者クラブはその実施窓口としての役割を果たし、陽の面がクローズアップされたと言える。その際、どのメディアに対しても開かれた運営は、今後の記者クラブのあり方にも有益な前例を残したと評価できるだろう。「記者クラブは閉鎖的で、所属社以外の者が行おうとする取材に支障となっている」という批判がフリージャーナリストや外国メディアから浴びせられてきた経緯があるからである。

記者クラブはまた、取材・報道の制約につながる面を一定の範囲で認めつつメディアスクラム対策を検討する場とならざるを得ないとともに、自由な取材・報道を展開するべく、メディアスクラム防止対策に名を借りた公権力の干渉を排除する機能も発揮する必要がある。

第八章
自主規制から自律的コントロールへ

通夜 沈痛

青酸カレー事件

和歌山市園部の青酸化合物混入事件で死亡した自治会長の谷中孝寿さんのお通夜に参列する地元住民ら（27日午後7時15分）＝記事34・35面

読売新聞記事＝1998年7月28日付け朝刊

自主規制を生むもの

メディアスクラム防止対策は、プライバシー、人権保護という積極的な機能を果たせる反面、取材・報道を制約する側面もあることは、北朝鮮拉致問題という象徴的なケースで見た通りである。そのような否定的な面はどう位置付け、克服の道筋・考察基準を見出していくべきなのだろうか。答えのひとつは、新聞協会編集委員会でメディアスクラム対策をまとめたプロセスにもありそうである。その見解では「メディアが自ら取り組み自主的に解決していくこと」との表現で、「自主規制」という言葉は一箇所も使われていないのだ。

その理由の一端について、毎日新聞記者当時に、新聞協会の見解を取りまとめた同協会編集委員会人権・個人情報問題検討会の集団的過熱取材（メディアスクラム）対策小委員会のメンバーとして「見解」取りまとめに参加していた橋場・上智大学教授は「自主規制という言葉には、取材・報道の萎縮につながりかねない要素が含まれている。そのため小委員会では、自主規制という言葉を使わない雰囲気のなかで議論が進められた」と語っている。

七〇年にスタートした前述の日弁連「マス・メディアの報道と人権に関する委員会」は当初、神戸弁護士会が「報道規制措置につき研究する必要がある」と提案したことを踏まえる形で「マス・メディアの報道の規制に関する委員会」という名称で呼ばれたが、「報道の規制を研究し、報道の自由を奪うことを前提とするもののような誤解を与える惧れもある」（日弁連前掲書）ということで、名前を改めたという。メディア界とは別の団体も、そのような配慮を行ってきた経緯があったのである。

メディアにおける自主規制とは何だろうか。新井直之氏は内外の考察を踏まえたうえで「自主規制とは、①法令に基づく言論規制としてではなく、②マス・メディア企業またはその連合体の意思、またはマス・メディア労働者個人の心理によって、③情報が受け手に与えるであろう効果を予測し、その効果を消滅もしくは減殺させる目的で、④その情報を破棄したり改変したりする行為、とすることができる」と定義付けている（『ジャーナリズム』＝東洋経済新報社）。

また、奥平康弘氏は「言論・報道機関が、みずからの影響力の大きさにかんがみ、恣意的な放縦・奔放を自己抑制すること」や「公権力の介入を避けるため防波堤として自主規制を設けようとする」ことであると整理している（『表現の自由とはなにか』＝中公新書）。同時に、「公権力もしくはそれに準ずる社会的諸力の関与のもとに、自主規制メカニズムが生まれる」と、規制を生じさせる要因の面からも分析している（前掲書）。

この場合の自主規制の主体はもちろんメディア自身だが、自主規制を余儀なくさせる主体については、概括的には両氏のような整理に従いたい。

新井氏の言う「法令に基づく言論規制」の場合の報道規制は、法令の運用機関関係者が直接かける規制、つまり奥平氏が言及している「公権力の介入」にも通じるだろう。しかし、敗戦後の占領統治時代に連合軍総司令部（ＧＨＱ）がプレスコードを示して言論統制を行っていた当時、新聞社が原稿をＧＨＱに示してチェックを受ける以前の段階でプレスコードに基づいて自主チェックしていたケース（後述）に見られるように、メディアが法令を意識することによって自身の判断で取材や報道の差し控えを行う場合もあるという意味での、公権力が運用する法令を基準とする、いわば間接的・自主的法規制も起こり得る。

メディアスクラムにおける自主的な取材の差し控え措置は、そのような法規に基づく直接間接二種類の規制とは異なる。差し控えを求める主体が法規の運用関係者つまり公権力でも企業などの法人でもなく、さらに新聞協会の「見解」がメディアスクラム対策の対象としては区別している、その他の「公共性の高い人物」でもない「一般私人」としての国民であるという点において、後述する通り「自律的コントロール（調整）」と表現したい。

「白虹日を貫く」事件

日本の近代ジャーナリズムの歴史を見れば、国民主権が確立されておらず言論の自由を束縛する立法・制度化が安易に行われていた戦前においては、メディアの自主規制は主に公権力に対する防波堤的・自衛的な対応として行われてきたと見ることができる。

事実、戦前の言論規制法制度は第二次世界大戦での破局までに数多く設けられた。

徳川幕府崩壊後に生まれた明治新政府が、残存していた幕府支持派の言論を抑制するため明治元年に設けた書籍出版物の許可制に始まり、新聞紙条例、讒謗律から、太平洋戦争へと戦火が拡大するなかで制定された言論・出版・結社等臨時取締法や新聞紙等掲載制限令などがそれである。罰則としては、執筆者や編集者の禁固刑から発行禁止までが盛り込まれ、ジャーナリストは書けない自主規制の苦しさを存分に味わわされた。

その顕著な例は、自主規制が取材・報道だけに止まらず、取材・報道の社内体制の改変にまで及んだ大阪朝日新聞の場合だろう。春原昭彦氏が「日本新聞史上最大の『白虹』筆禍事件」（新泉社『日本新聞通史』）と呼ぶケースである。

きっかけは大正七（一九一八）年、米価騰貴を機に発生した米騒動だった。当時の寺内正毅内閣は鎮圧のため軍隊を出動させる一方、米騒動に関する報道を禁止する措置に出た。そのような無策ぶりに対し、大正リベラリズムのさなかにあったメディアは報道で批判するだけでなく、新聞経営者まで参加して倒閣運動を展開した。その一環で、八月二五日には大阪市内で関西の新聞、通信八六社、一六六人が集まって倒閣決議を行った。

大阪朝日新聞の若手記者がその模様をレポートした記事の中に「金甌無欠の誇りを持った我大日本帝国は今や恐ろしい最後の裁判の日に近づいてゐるのではなかろうか。『白虹日を貫けり』と昔の人が呟いた不吉な兆しが黙々として肉叉（フォーク）を動かしてゐる人々の頭に雷のように閃く」というくだりが含まれていた。古代中国の史書「漢書」などで、体制転覆につながるような大乱が起こることを予想した意味の言葉である。

寺内内閣は結局退陣するが、メディアに対する意趣返しのように、その表現を新聞紙法違反（安寧秩序紊乱罪）ととらえた公権力側は、大阪府警察部が記事の筆者と新聞発行人を告発するに至った。二人は裁判で、いずれも禁固二月の判決に服するが、さらに検察側は、発行・発売禁止処分を求める意思も表明した。新聞社にとっては息の根を止められるに等しい措置である。

その処分を免れるため、大阪朝日は村山龍平社長が辞任しただけでなく、鳥居素川編集局長、長谷川如是閑社会部長や通信、外報各部長、論説班員らが退社した。さらに新編集局長が「言議当を失いて、筆路は常軌を逸し」などと書いた反省社告を出し、政府権力に屈したのである。

自主規制の仕上げは、同年一一月に発表した「全社をあげて守るべき『編輯綱領』」（朝日新聞社史）だった。その第四項目には「紙面の記事は清新を要すると共に、新聞の社会に及す影響を考慮し、宜しく忠厚の風を存すべき事」と記載されていた。これほどの自主規制には、それを象徴した反省社告について「朝日改過の書」、「詫び証文」などという非難が浴びせられたことを社史は率直に記録している。

法令による公権力の報道規制が、メディアの自主的な対応という形を取ってのこととはいえ、いかに痛ましい事態を生むかを示したケースと言える。

戦後も強いられた自主規制

第二次世界大戦は日本政府が一九四五年八月一四日、ポツダム宣言を受諾したことで終結し、日本は天皇主権から国民主権へ移行していった。それを機に、戦中、日本の新聞統制を翼賛的体制にまで強める中心となっていた内閣情報局が閉庁となった。言論規制一二法令・規則も、米軍を中心とするGHQの九月二九日の指示により廃止された。

他方、これに先立つ九月一二日、GHQは「新聞記事その他報道取締りに関する件」で、「真実に反し、又は公安を害する事項を掲載せざること」という内容の「第一項に反するが如き報道をなしたる新聞その他の出版物に対しては連合軍総司令部は、これが刊行を停止することあるべし」との方針を示した。

GHQの言論・報道政策は、単に言論・報道の自由を回復したというだけではない。「言論の自由の奨励と言論の自由の制限の二つの柱」(新井氏「占領政策とジャーナリズム」=思想の科学研究会編『共同研究　日本占領』所収)という両面性を持っていたといえる。

このような矛盾する言論政策は、国家体制の変革のような大転換の局面には往々にして生じがちである。例えば「平等」とともに「自由」という理念を掲げた人権宣言が採択されたフランス革命では、「おお自由よ！　汝の名においていかに多くの犯罪がおかされたことだろう」という言葉を残したロラン夫人をギロチンの刃の下に送った恐怖政治を生んでいる（河野健二『世界の歴史15　フランス革命』＝河出書房新社）。旧勢力と新勢力の力が拮抗した状況に移る過程で、一方の勢力が圧倒されそうな場合、「自由」を掲げた勢力であっても、その理念を置き去りにしがちな現象といえる。

ＧＨＱの言論・報道政策の二面性も、敗戦直後の日本国内では、旧勢力とその意識が国民のほとんどをとらえていた状況での対応として打ち出された面があったとみられる。

しかし、スタート直後とはいえ民主主義体制の下でありながら、ＧＨＱが四五年一〇月五日に開始され四九年一〇月二四日まで続いた言論統制・検閲を日本のメディアに経験させたことは、戦後のジャーナリズムに〝自主規制慣れ〟とでも呼ぶべき形でのトラウマを刻み付けたと言えそうな面があるかも知れない。

ＧＨＱによる検閲は、四五年九月二一日に示された「日本に与える新聞紙法」いわゆるプレスコードに基づいて行われた。第一項に「報道は厳格に真実を守らざるべからず」とうたっているが、「直接たると推論の結果たるとを問わず公安を害すべき事項は何事も掲載すべからず」という第二項など、解釈に幅のある内容が含まれていたため、「新聞記者を悩ませ、事前検閲制度（同年一〇月五日発足）に携わった占領軍検閲員を迷わせた」（高桑幸吉『マッカーサーの検閲』＝読売新聞社）という。

検閲の実態については、読売新聞社の渉外部次長で検閲課長を兼務した高桑氏の前掲書などに詳しいが、四八年七月一五日まで約二年九か月間行われた事前検閲については、「戦中に慣れていたことの延長」と回想した新聞人もいたという。

しかし、ＧＨＱの検閲をパスする事前準備として新聞社内で行われる〝自主検閲〟では、「連日の作業のことでもあり、当方にも次第に（ＧＨＱの＝筆者注）検閲方針に対する理解度が高まり、例えばＡの記事は簡単にパス、Ｂは保留のおそれあり、Ｃは単純削除でパスといった予測をたてることができるようになった。そして予測的中のときは検閲方針を先取りしたような、まことに奇妙な一種の自信を深めたものである。敗者の悲哀というべきか」（高桑氏前掲書）というような状況も生まれたのであった。

ＧＨＱの占領政策が開始された四五年に北海道新聞社に入り論説主幹などを務めた経歴を持つ山川力氏は戦前、戦中の報道規制に触れた上で、「マスメディアの自己規制はこうした歴史の外にあるのではない。自己規制とはこうした歴史のもとでのひとつの強制にほかならない」（『新聞の自己規制』未来社）と述べているが、同様な事態は民主主義体制に移行したとはいえ占領統治下でも起きていたのであった。

人権絡みで戦後の報道の制約につながる法規定は、表現の自由を盛り込んだ戦後憲法が四七年に施行され、ＧＨＱが解散した後にも存在している。刑法の名誉毀損罪や猥褻罪などの規定が一例である。また、沖縄返還に絡む日米密約についての外務省公電漏洩事件は、公電を外務省職員から入手した毎日新聞記者の刑事責任まで追及される事態に発展し、守秘義務を導入している国家公務員法も報道規制につながる場合を生じさせることを示した。

高桑氏の述懐は、法令に基づくシステムが確立され活発に動き始めると、その論理がひとり立ちして新たな規制秩序を、自発性の装いをこらした形で生み出す場合があることを示しているが、自主規制という点において警戒しなければならない現象といえるだろう。

自律的コントロール

戦中以前や占領統治時代の公権力に代表される、主に法令を基に実施される規制への対応としてメディアが自主的に行う取材・報道の差し控え行為を、前述のように仮に「自主規制」と呼ぶとすれば、メディアスクラムとして問題化するような、一般国民を対象とし、その人権、プライバシーの保護を目的とする、法令に準拠しない取材・報道の調整は、前述のように「自律的コントロール（調整）」と呼びたい。

山川氏は前掲書で「みずからのペンをみずから規制する行為を客観的に表現するコトバ」として「自己規制」を使うことにしたとしている。

メディアの規制については、個別具体的な報道規制関連法を適用して公権力が行う「直接強制規制」、メディアが法令を基準とし準拠しながらも公権力に強いられるのではなく自発的に報道内容などを調整する「自主規制」という分類があり得る。その意味での自主規制の場合、「間接的公権力規制」と見ることもできるだろう。

そのような規制と、人権、プライバシーの保護を目的とする自律的コントロールの最大の違いは、メディアに調整・差し控えを求める主体の違いである。「規制」の場合は、法令やそれを解釈する行政、司法という「公権力」が主体の地位を占めるのに対し、後者では「公共性の高い人物」や企業など法人とは別の、一般私人としての「国民」ということになる。

「国民」という、メディアに対峙する主体の存在は、戦後の民主化に加え、人権意識の浸透・向上という歴史的な変化のなかで浮上してきた面がある。田島泰彦・上智大学教授が「自主規制論の基本的意味合いが七〇年代から八〇年代以降、大きく転換したと考えられる」、「いわば擬似権力的規制から市民的規制への重点の転換がなされたと理解してよいと思う」(日本評論社刊編共著書『新聞学』第3版)としているのは、そのような事情の別の表現だといえよう。

国民の人権、プライバシーへの配慮を重点とする自律的コントロールの場合、その判断基準はメディア自身が構築し運用することになる。従って、メディアが自主的に取材方法を選択する際の裁量は、メディア自身に委ねられる。そのことは、換言すれば、メディアの国民に対する責任がより大きくなることを意味する。

メディアスクラムを防ぐための対策は、メディアが被取材者やその周辺関係者である国民と協議しつつも、自律的判断により取材・報道を調整する作業であるという意味において、自主規制とは区別しておきたい。

メディアスクラム対策が、個人情報保護法や人権擁護法案、青少年保護関連法案など、メディア規制と関連する立法の動きを背景に確立された点をみれば、「メディアスクラム対策も、法規制に対応する自主規制の一種ではないか」との見方が生まれる余地がないと言えないことは事実であろう。しかし、その対策が公権力との関係におけるものか、一般国民に向けてのものなのかという違いは、対策の在り様の違いに反映されるだけに、両者を区別する意義は小さくないはずである。

対策のポイントは、①自律的コントロールは報道を抑制するためでなく、報道を行いやすくするために行う②行政機関はもちろん被取材者によっても取材・報道を曲げられる立場に陥ってはならない③被取材者の権利との取材調整は、あくまでメディアが自主的に考え設定した基準に基づく判断によるべきである、という点にあると考えられる。

メディアスクラム防止対策として最大規模となった北朝鮮拉致問題の取材・報道のこれまでの経験は、対策のポイントの重要性を確認する機会となったと言える。

その肉付けはメディア各社が個別に取り組むべきテーマであろうが、その参考になり得るものとして、二〇〇〇年六月に改定された新しい新聞倫理綱領がある。

改定を担当した新聞協会新聞倫理綱領検討小委員会で委員長を務めた朝日新聞専務の中馬清福編集担当は、一九九九年秋に渡辺恒雄・日本新聞協会会長（読売新聞社長）から「新聞倫理綱領を見直す委員会をやってくれませんか」と言われ、「人びとの深刻な新聞不信と新聞離れ、この二つに端的に象徴される新聞の危機的状況を克服することはわれわれの急務だが、現綱領でそれは可能か」という問題意識を基に取り組んだとしている（「新『新聞倫理綱領』制定にあたって」＝『新聞研究』2000/8 No.589所収）。そのうちの「新聞不信」の要因の一つに、メディアスクラムに象徴される〝報道被害〟問題があることは確かであろう。

「自主規制も自律的コントロールも、言葉の違いだけであり、実質的な意味に違いはない」という異論もあり得る。しかし、人権特にプライバシーのように、個々人によってその受け止め方が異なるゆえに判断が難しいグレーゾーンの領域でメディアスクラムを防ぐための対応では、「規制」として臨むか「自律」として対処するかの姿勢の違いは決して意味のないことではない。取材を一定範囲で自粛せざるを得ないにしても、「規制なのだから取材制限にも従うほかはない」としてか、「もっと取材に自主性を発揮できる余地があるのではないか」という対応の差につながるはずである。

新潟県の報道責任者会議では、「申し合わせの見出しにも本文にも、『メディアスクラム』の文字が入っていない。この文字を入れると取材現場が過剰に反応しかねない、との危惧からだった」（小田敏三・新潟日報報道部長「報道の責任を果たすために」＝『新聞研究』2002/12 No.617所収）との経緯があったという。「メディアスクラム」という文言を使わなかったことについては議論される余地もあるだろうが、当時の対応としては、その姿勢においてうなづける点があったと言える。

メディアスクラム防止対策においては、自律的なコントロールに基づく取材といっても、様々な制約の下で進められることは完全には回避しにくい。そのような状況での取材に基づく報道も、制約が反映されたものにならざるを得ない。

その点について、北倉和昭・福井新聞社報道部長は『新聞研究』2002/12 No.617所収「『永住帰国実現』の姿勢前面に」で、「地村さんの帰郷直後に『代表取材』を紙面で取り上げ、取材規制の実態や悩みを伝えた。（中略）日々の記事がどのような条件下で書かれているか、情報の『質』を読者に知らせておく必要があると判断したからだ」と報告した。北朝鮮在住家族に対するインタビュー記事について論点の一つになったものと同様なテーマについて、明確な問題意識に基づく配慮と評価される姿勢と言えよう。

また、新聞、テレビとも異なる報道の視点を持つ雑誌の側からは、基本的な問題意識も示されている。鈴木紀夫・日本雑誌協会取材委員長（光文社常務）は、「新聞やテレビが報道しきれなかった部分に着目し、隠されているかもしれない新事実を追い求めるのが生命線である」と雑誌の特性を確認したうえで、メディアスクラム対策として『申し合わせ』のもと、横一線で取材・報道にあたるという態様は、雑誌メディア自身のクビをしめることにならないか。取材現場に大きな足かせをはめることにならないか」とし、「今回（拉致問題の取材＝筆者注）はことの大きさにかんがみ、原則的に同一歩調をとっているが、今後、メディアの特性を踏まえた、さらなる議論を積み重ねていく必要があると思う」（いずれも二〇〇二年一一月一六日付け朝日新聞朝刊投稿論文）と問題提起しているのである。

取材テーマによって、過熱・集中するメディアの種類には違いがあることを、その指摘は改めて想起させる。前述のような、メディアスクラム対策についての各種メディア間の協議を難航させる局面が生まれる可能性は、そうした関心対象の違いによると言える。

他方、まだ育ち始めて間もないとはいえ、既存メディアにとって相当なライバルになっていくとみられるインターネット・メール通信は、メディア間協調を軸とするメディアスクラム防止方式にとって難問を突き付ける兆候を見せつつある。

匿名でも行えるメール通信では、往々にして無責任な内容で他人を傷つけるような通信が飛び交い、広く問題化してきている。背景としては、メール通信には当面、既存メディアのような取材・報道の組織性はないものの、個人であっても、新しい情報を一挙かつ広範囲に、しかも容易に伝える力を持っている事情がある。他人のプライバシーを侵したり、名誉や信用を毀損するような情報でも、メール通信によって簡単に流せるのである。

例えば、少年犯罪事件で容疑者の少年の氏名を隠さなければならないというこれまでの考え方は見直される方向にあるとはいえ、その問題の整理はまだ抜本的には行われていない。そのような状況にもかかわらず、二〇〇三年に長崎県で発生した少年による幼児誘拐殺人事件では、容疑者の少年の名前や顔写真がインターネットによって広く流通させられてしまうというケースが起きている。

この事件で、新聞、テレビなどメディア一三社で組織する長崎県報道責任者会議は、容疑者の少年が通っていた中学校の生徒らに集中的な取材を行ったためメディアスクラムの状況になったと判断し、学校現場などでの他の生徒や校区内に住む住民への取材差し控えなどを申し合わせた。だが、インターネット・メールは、そうしたメディアスクラム防止対策の枠外で情報を流通させる事態が起きることを示したのであった。

そのようなメール通信が取材技法として利用される場合に、既存メディアのメディアスクラム防止対策が協調しうるのかどうか、疑問は大きい。新聞、テレビ、雑誌というマスメディアの横断的な協調が拉致事件で確立されたかに見える自律的コントロールとしてのメディアスクラム防止対策は、今後も進化を続けなければならない。

保護される「私」の範囲

もう一つの大きな問題は、メディアスクラム防止対策で保護すべきプライバシーの範囲はどの程度なのか、という問題である。

二〇〇一年に施行された行政情報公開法の法素案取りまとめの過程では、「個人情報は、そのすべてがプライバシーにかかわるものではない」という論点が議論された。法素案では、個人情報はプライバシー情報と事実上同一視され、例外的な事情がない限り非公開扱いされる適用除外条項に組み込まれた。

しかし、そのように個人情報をプライバシー情報と区別せず、情報主体が政治家や官僚などの公人であるのか非公人なのかも区別しない扱いは、個人に関する情報の公開範囲を不当に狭めてしまう恐れがある。そのため、「プライバシーに抵触する情報」を適用除外とすべきという批判を招いた。

結果的には、法案は「プライバシーが何を指すのか範囲が明瞭でない」という理由で、プライバシー情報でなく個人情報を適用除外としてまとめられた。だが、同法の運用では、例えば外務省内で組織的に行われていた裏金作りに関する情報公開請求に対し、同省がこの条項を根拠に官僚に関する情報について、「プライバシー」を理由として隠す役割を果たしてきているのである。

メディアスクラム防止対策においても、プライバシー情報と個人情報を分別しないまま保護対象とした場合、取材・報道が過剰に制約される恐れがある。川崎「安楽死」事件でみられたように、実際には取材陣の集中などメディアスクラムとみられるような事態が起きていなかったのに、取材対象者が「プライバシー侵害」を理由にメディアに抗議するといった出来事が発生したのも、その一例と言える。つまり、被取材者の、単に「わずらわしいから、取材に応じたくない」という理由として〝メディアスクラム〟が持ち出される場合も起こりうるのだ。

この問題は、日本の民主主義形成の特異な歴史とも関係する面があるのではないか。すなわち、敗戦前の天皇主権国家において国民は、体制における位置付けでは、「天皇の赤子」として私性を欠いていた。国民個々人としても、そうした私性への意識は総体としては希薄だったとみられる。全体主義的な傾向は、そうした状況で形成されやすかった。

しかし、そのような〝国民意識〟は敗戦によって一挙に崩れた。連合軍司令部が導入した国民主権、民主主義体制の下で「公」よりも「個」または「私性」が重視される社会体制へと変化した。その変化があまりにも急激だったため、国民の意識において「個」または「私性」の、「公」すなわち社会とのかかわりのバランスを調整するいとまがないまま、「個」または「私性」が優位を占める状況が生まれたとみられる。電車内のような衆人環視のなかで、若者たちばかりか中年層の人たちまでがプライベートな事柄を大きな声で会話したり、化粧する光景などは、その表現例と言える。そうした意識については、〝羽目を外したプライバシー〟と見ることもできるだろう。

そのような〝羽目を外したプライバシー権〟を理由に、社会との関わりをつなぐメディアの取材・報道に〝羽目を外した〟形での拒否反応を示す傾向が、今後もエスカレートする可能性があることは否定できない。

だが、人間は社会のなかで生存し活動し得る存在である。そして各種メディアは、個々の人間と社会をつなぐ架け橋という性格を持っている。個々人の「一人で放っておいてもらう権利」としてのプライバシーはもちろん認められるとはいえ、個々人がプライバシーの範囲を広げる一方、社会に対しては殻に閉じこもってしまうことは、自らの社会性の放棄ということになるのではないだろうか。

そのような領域にあるプライバシーを、保護の対象として扱うべき範囲については、今後、議論の対象になっていくとみられる。

『新聞研究』の元編集長、赤尾光史氏は「いま必要なことはプライバシーに関するより多くの多角的な議論であり、社会的合意形成のための努力である。法律家のみによる議論ではなく官僚や政治家を中心とする議論でもなく、まさに人の私生活にも深くかかわっていかざるを得ないジャーナリズムこそがむしろ、この議論と合意形成に積極的な役割を果たす責務を担うべきだろう」(「分断されるメディアとジャーナリズムの構造」=現代書館『包囲されたメディア』所収)と提案している。

メディア横断的に確立されたメディアスクラム防止体制に意義があるとすれば、そのようなあいまいな「プライバシー」の私性と、取材・報道という社会性の調和を、メディア間だけでなくメディアと取材対象者やその周辺関係者との「協議」を通じて図っていく方式であり、その契機になり得るという点であろう。

埼玉県のＪＲ桶川駅前で一九九九年に起きた女子大生殺害事件で、被害者の両親は当初、警察からの情報などを基に雑誌やテレビを中心とするメディアが被害者のプライバシーにかかわりそうな事まで報道したことなどからメディア不信に陥った。しかし、元写真週刊誌記者、清水潔氏らの粘り強い説得を受けて取材に応じるようになり、結果的に警察側のずさん捜査を明るみに出した。

また、和歌山毒入りカレー事件では、前掲の『新聞研究』所収論文で法花氏が「九八年に入社したばかりの和歌山支局員は五か月間、午前六時から翌未明までほとんど毎日現場に立った。最初は拒絶反応を見せた住民の反応は少しずつ変わっていった。その一人、カレーを食べて入院した女児の母親とはしばしば雑談した。後に、母親は『同級生が亡くなり、つらかった。話し相手になってくれて助かったのよ』と打ち明けた」と報告している。

いずれのケースも、メディアスクラム対策とは形が異なるとはいえ、メディアの側と被取材者の間で〝プライバシー〟の壁を超越して「協議」が成果をあげられる可能性を示す実例として記憶されてよい。

第九章
到達点としてのメディアスクラム対策

「開かれた新聞」委員会を創設

社外の識者5人委嘱
「第三者」の目で意見

毎日新聞社は、紙面をより充実させ、読者の信頼にさらに応えていくため、社外の識者からなる「『開かれた新聞』委員会」を創設しました。読者に開かれた新聞作りを目指す本社の基本姿勢をさらに具体化する一歩になると考えたからです。

本社は、報道による名誉、プライバシーなどに関する人権侵害だとして当事者から寄せられた苦情、意見の内容と本社側の対応を、委員に開示します。委員は必要なケースについて意見を述べ、報道を検証します。

読者と毎日新聞の間に立った委員が、「第三者」の視点から毎日新聞の報道をチェックするシステムで、毎日新聞の「オンブズマン」といえます。さらに、報道をめぐるさまざまな課題についても委員から参考意見をいただき、新聞報道に生かしていきます。

委員は元日弁連会長、中坊公平▽テレビプロデューサー、吉永春子▽作家、柳田邦男▽フリージャーナリスト、玉木明▽上智大学教授、田島泰彦の5氏です。

この制度を充実したものにするため、読者の皆さんのご意見を広く募集します。詳しくは16、17面の特集をお読みください。

「開かれた新聞」委員会創設を報ずる毎日新聞記事
＝2000年10月14日付け朝刊

メディアの人権保護対策略史

マスメディアは今でこそプライバシーなどの人権保護の観点から厳しい批判にさらされているが、対応の歴史の長さは意外に知られていない。

マスメディアが人権やプライバシーを保護対象として意識し、取り組む終局の姿としてしばしば想定されるのは、メディア各社の上位に立って表現内容にまで踏み込む報道評議会方式の対策である。それは欧米が先行してきた方式だが、メディアの外の人たちには人権やプライバシーを保護する報道・表現の統一基準が形成され示される場として分かりやすい存在になる可能性はあるかも知れない。だが、統一基準を設定すれば、メディア各社の個性の元になっている各社ごとの編集権に立ち入り、報道の多様性を損なう恐れを生じさせることにもなりかねない、陰の面が生まれる可能性もある。

メディアスクラム防止対策は、取材についてはメディア各社が合意して統一的な目安を設定するものの、報道・表現内容には踏み込まないという点で、現段階で報道界が協調して人権やプライバシーを保護する手法という点において採用できるぎりぎりの到達点と見ることができる。その方式を選択することになった歴史的な経緯を以下に見る。

新聞界がプライバシーに目を向けていった歴史を調査した村上孝止氏は「プライバシー権を最も早く紹介したのは、山崎光次郎氏『新聞道徳論』(一九二九年)のようである。ここでは、『内秘権』と訳されている。次いで榛村専一氏「新聞法制論」(一九三三年)が『秘密保持権又は内秘権』の訳で紹介した。このあと、英米法研究者の末延三次氏が一九三五年に『英米に於ける秘密の保護』を法学協会雑誌に発表した。(中略)一般にはこれが日本の法学界への最初の紹介とされている」と、新聞界の方が学界より以前に関心を寄せていたことを指摘している(『プライバシーvsマスメディア』学陽書房)。

新聞の現場では、明治八年、違反者に対する禁固刑を導入した改正新聞紙条例とともに発布されたのが、名誉毀損を罪として位置付けた讒謗律だった。征韓論に敗れた西郷隆盛や江藤新平らが下野し新政府に不満を持った士族に歓迎されるという不穏な情勢のなか、自由民権運動や民選議院設立運動をバックに、いわゆる大新聞が政論中心の紙面を展開し、新政府の施政に対する不満、批判がつのる状況でのことだった。人権を守る性格を持つ反面、批判の声を封じ込めるツールとしての役割も担わされて二法規が制定されたという事情は、メディア関連の立法が試みられる状況では特に記憶に値する事実だろう。

ただ、当時「大記者」と呼ばれていた福地源一郎は、成島柳北や栗本鋤雲といった二人の大物ジャーナリストに対し、「『讒謗律は人身保護の城壁なり、凡そ他人の私行私事を訐きて世に公にするは君子の耻る所なり、故に新聞紙条例に抵触して禍に懸らんは是非なけれども、讒謗律は決して犯すこと勿れ』と、互いに相誡めたと書いてゐる」（小野秀雄『日本新聞発達史』、大正一一年版）という評価だった。

しかし、その威力はやはり大きかった。小野は前掲書で、「當時、横濱にて發行されたジャパン・ヘラルドは（中略）『日本政府は殆ど本國の新聞を黙せしむることを得たが（以下略）』云々と述べている」と紹介している。

さらに、西田長壽は『日本ジャーナリズム史研究』（みすず書房）で、発布三年後の明治一一年の筆禍調査結果を示している。それによれば、禁獄又は懲役一五件、罰金及禁獄等併課二〇件、発行停止又は禁止五件、罰金一一四件の計一五四件にも上っていた。なかでも、「華士族平民ニ対スルヲ論セス讒毀スル者ハ禁獄七日以上一年半以下罰金五円以上三百円以下誹謗スル者ハ罰金三円以上三百円以下」という第五条違反とみられる「罰金五円」のケースが六八件に上っていたという。

福地が述べたように、一般的には名誉毀損は侵してはならないといえるものの、讒謗律では「乗輿」「皇族」のほか「官吏」に対する罪の刑罰を「華士族平民」よりも重くしている点に、この法規の狙いどころを見るべきであろう。

ただ、政論中心の大新聞に対して、報道中心の特色を打ち出した小新聞の比重が高まるにつれて、名誉毀損、プライバシー侵害的な報道が被取材者としての一般国民について問題化するケースが増えていった。小新聞の売り物は市井の雑報だったためである。後に、「一流人物の私行を摘發して新聞界に重きをなすに至った」（小野前掲書）萬朝報は、その記事を第三面に掲載していたことから、社会面記事は今でも「三面記事」と呼ばれている。

萬朝報の手法は模倣紙を生むなど影響が広がったため、福沢諭吉が創刊した時事新報は明治二六年の社説で、「〇個人の名誉と新聞紙　一個人の名誉に關する事柄を遠慮なく記載して只管世間好奇の人に投ぜんとするは當今新聞紙の弊害なり、吾人は言論の局にある者が深く猛省する所あらんことを希はざるを得ず」と指摘したという（同）。

そうした流れのなか、一時、大阪朝日の主筆も兼任した池辺三山の紙面改革方針の一環としてではあるが、東京朝日が明治三〇年に断行したのが艶ダネ中心主義からの脱皮だった。朝日新聞社ＯＢの坂本龍彦氏は著書『言論の死まで』（岩波書店）で、「『東朝』の初代編輯局長だった松山哲堂の談話記録によれば、『三山は、人の私生活など暴くのは悪い。（中略）もっと社会上の種々の問題を取り上げて、品のよいものを作るべきだ、と主張して……社会面の記事を一変させた』。」と紹介している。

ただ、報道されるニュースは基本的に人間活動によって生まれるものである以上、政治家、官僚から民間の事業者や一般国民まで個々人に関わると言える。個々人が表面的には組織の陰に隠れている場合があるとしても、である。そうした個々人が生むニュースを取材し報道する際、時には社会的活動との境界がオーバーラップしがちな私生活に立ち入ることは、あり得ないことではない。

プライバシーに関わるメディアスクラムの発生は、そのような構造的要因による面がある。それゆえに、メディアのプライバシー保護対策は報道の歴史とともに進められてきたと言える。

戦後始まった犯罪報道の見直し提言

戦後も、讒謗律とほぼ同じ発想の名誉毀損罪が盛り込まれた刑法などは存続させられた。とはいうものの、ＧＨＱが解散し、その報道規制も廃止された後では、表現の自由が法制度として基本的に定着することになり、表現・報道活動の可能性は大きく広がった。その一方、憲法で国民の基本的人権が確認され、メディアの報道面での人権保護に関する自律的な対応責任はより重くなった。

メディアの責任問題は先ず、主に犯罪容疑者の人権保護の面で浮上していった。敗戦から三年目の一九五〇年には早くも、中部弁護士連合会が「被疑者の人権尊重の趣旨から、起訴前に被疑者・関係人等の人名や被疑事実を発表しないよう、警察や検察庁に要望する旨決議」、九州弁護士会連合会も「新聞・雑誌等による個人の名誉の侵害に対する賠償等被害回復措置に関する立法を望む旨の決議」を行い、翌五一年にも東北弁護士会連合会が「新聞紙上で公表された被疑者が犯罪の嫌疑なく不起訴となったときは、その名誉回復のため、適正な措置を取ることを要望」したという（いずれも日本弁護士連合会編『人権と報道』、七六年、日本評論社）。

日弁連は、表現の自由については「民主的社会の維持のためには、最も基本的に必要とされる人権」であり、「個人の人格権の保護のためといえども、それが一般的な表現の自由を抑制するような形で規制されることは、人権の自殺行為につながる」と認めた。その上で、「起訴や逮捕のときに報ぜられたところは、社会的には、判決前にすでに定着し、当人に対する評価を確定的にし、社会的にその名誉と地位を喪失せしめ、いわば判決をまたず刑の執行までも受けてしまっているに等しい結果を生む」という問題意識に立ち、七二年に「マス・メディアの報道と人権に関する委員会」を設置して、「犯罪報道による名誉毀損のみならず、プライバシーの侵害をも対象として」研究を重ね、提言をまとめて七六年に出版したのが前掲書であった。

犯罪の立証捜査が、戦前の自白中心的な傾向から戦後の証拠中心主義へと移行する過程では、後に冤罪事件として再審請求が行われ、確定判決が逆転する様々なずさん捜査が相次ぐ事態が起きたが、そうした状況での犯罪報道について、新憲法の下で高まり始めた人権意識との間で確執が強まっていった流れとみることもできる。メディアスクラムは、メディア側の事情に加え、そうした人権意識の高まりを背景に認識され問題視されるようになる。

匿名報道の拡大

報道関係訴訟の判例分析から報道機関へのアンケート調査などを踏まえて総合的にまとめられ

た日弁連提言は、その後のメディア批判やメディア側の対策から司法、行政側の対応にまで影響を及ぼした。

有益な方向で実現につながった提言の一つは、「マス・メディア内部における自己監視的機関の常設」である。新聞界ではその動きは戦前から出ていたが、後述のように、社内組織とはいえ第三者を加えた紙面チェック機関の設置は、いまや常識化してきている。

また、警察発表の一方的な報道を是正できる機会となる「弁護人よりの取材」という提言についても、メディアと弁護士側双方の理解の進展とともに実践例が広がり始めている。日弁連が九九年に開いた第四二回人権擁護大会のシンポジウム第二分科会の実行委員会メンバーがまとめた『人権と報道』（明石書店）で、メディアに「警察情報への過度の依存を変革せよとの提言を行うにあたっては弁護士は自らもまた事件報道における情報の発信源になる用意が必要である」と提言し、松本サリン事件のケースを紹介している。

陰陽両面の影響を生む提言も含まれていた。報道の人権配慮を促すための結果責任の強化という意味を持つ、報道被害訴訟における損害賠償額の高額化が一例である。そのテーマについては一九九九年に自民党政務調査会の「報道と人権等のあり方に関する検討会」が、日弁連が示した方向での提言を行った後、裁判官グループの研究・提言を経て既に実現している。

「賠償額が低すぎて、被害の抑止力になっていない」という指摘を背景にしての対応だった。ただ、裁判官側が表現の自由を狭めるような安易な法解釈を招く傾向も生まれており、取材・報道を萎縮させかねないことが懸念されるに至っている。

日弁連の七六年提言で具体的な報道に関して大きな影響を及ぼしたのは、「犯罪報道の必要性を主張するいかなる見解に立っても、氏名の公表を必要とする理由は見出せない」とする犯罪報道における原則匿名主義であろう。確かに、判決確定前の容疑者については最終的に無罪になる可能性を認めることが前提となる。だからといって、原則匿名とした場合、否定的な影響が生じる傾向も見逃せない。

その点への危惧を持つ声は日弁連内でも上がっていた。七六年宣言の当初案が「匿名の範囲を拡大すること」とされたのは、その反映といえる。その文言は日弁連第三〇回人権擁護大会（一九八七年）の「人権と報道に関する宣言」で復活した形になった。「原則匿名報道の実現に向けて匿名の範囲を拡大すること」という内容の提言としてまとめられたのである。日弁連内の意見の対立は、メディアに対する公権力の介入を招くおそれのある、強制調査権を持った人権擁護機関の設置案が二〇〇〇年の人権擁護大会に向けて示されるなど、その後も続いている。

七六年の大会実行委員会の副委員長を務めた梓澤和幸弁護士は、当時から原則匿名主義に疑問を呈していた一人であるが、八八年一月『法学セミナー』増刊「人権と報道を考える」特集に掲載されたシンポジウムの記事で「明日匿名が実現したとして、そのときに警察が全部匿名なんだからあなたがたに一切だしませんということになると、どこの誰が警察に捕まったかが分からなくなる（中略）罪名、逮捕事実など一切が分からない。犯罪取材で捜査依存を止めなさいといっているわけだが、その捜査依存性を打ち破るために記者が行こうとしても行けない。弁護士がどこにいるか分からない」との見解が紹介された。

二〇〇一年に警察庁をも適用対象とした国の情報公開法が施行されたにもかかわらず、二〇〇三年に制定された個人情報保護法などをタテに、警察が扱う事件や事故の関係者について匿名発表の範囲を広げる傾向が目立ってきたことは、梓澤氏の見通しを裏付けた形になっている。

他方、主に少年や精神障害者が容疑者となる犯罪の報道に限られていた匿名報道はその後、メディアの自律的対応として全体的に拡大の方向にある。例えば、二〇〇一年九月一日に東京都新宿区歌舞伎町の遊興施設入居ビル火災で死亡した四四人の名前を、読売新聞社では社会部で議論した末に伏せることにした(「『人権』報道　書かれる立場　書く立場」)。こうした匿名報道にケース・バイ・ケースで対応するケースが増えている。

そのような配慮を促した点で原則匿名主義の提言が果たした歴史的な役割は否定できないとしても、官僚の閉鎖体質が根強い日本における原則匿名主義は、警察から外務省にまで広がってきた必要を超えた匿名発表方式を支える根拠としての役割を担わされる恐れが強まる。

それ以上に原則匿名主義が問題なのは、報道の本質に沿わない点であろう。報道の意味は先ず、報道価値のある「事実」を、読者や視聴者が社会の動きを把握し評価する材料として伝える点にある。実名報道による人権侵害を防ぐ配慮は欠かせないが、匿名原則主義は、部分的とはいえ事実を最初から隠すことを前提としている。そのような「原則」は、社会の透明性を損なう可能性が強いと言わざるを得ない。梓澤氏が指摘するように、メディアの監視機能も制約されるおそれが強まってしまう。

進み始めたメディア自身の対応

現実のトラブルに直面するだけに、学界より早くプライバシー問題への関心を寄せていたメディアは、戦後の対策にもスピーディーに取り組んだ。

その最初の動きは、社団法人・日本新聞協会が設立されたのと同じ一九四六年七月二三日に制定された新聞倫理綱領の取りまとめで示された。倫理綱領の制定はGHQの提案を受けたことがきっかけだったが、第4項（公正）として「個人の名誉はその他の基本的人権と同じように尊重され、かつ擁護されるべきである」との内容が盛り込まれた。メディアの人権保護対策の基準になってきた考え方である。

概念があいまいであるために、報道内容が事実であっても問題になりやすい「プライバシー」という言葉が一般に広く知られるようになったのは、三島由紀夫の小説「宴のあと」で自分がモデルにされたとする元外相が、プライバシー権を掲げて訴訟を提起したことだった。その時期は六一年だったが、以下、前掲書による村上氏の調査によれば、五〇年には日本新聞協会が最高裁調査官に依頼してまとめた「米国に於ける新聞に関する法規と判例」という小冊子で「プライバシーの権利」という一章を設けて紹介した。法学界がプライバシー権に注目するきっかけになったとされる「プライバシーの法理—官憲とマス・メディアの侵害を中心に」という特集を法律時報が組んだのは五九年五月号だった。

現天皇が皇太子として現在の皇后と結婚する際の報道をめぐり、五八年七月末から約四か月間の報道協定を結んだことについては様々な評価があるが、プライバシーを侵害しないようにとの配慮によるものとして「プライバシー協定」と呼ばれた。

その二年後の六〇年には、メディアのプライバシー保護対策としては草分けというべき「プライバシー記事基準」を読売新聞社がまとめ社内に周知させた。基準は「同じ人格権の侵害でありながら、名誉毀損の周辺にある『プライバシー権』に対する配慮はまだ十分に徹底していないように思われる」という問題意識に立っていた。そのうえで、「記事にしない場合」として「事件の本筋と関係なく、記事作成にも大した意味のないと思われる関係者の先夫、先妻、連れ子などの氏名は出さない」などを、「記事にしてもよいと思われる場合の基準」としては「社会が大きな関心を持つケースで、それが本人ばかりでなく他人にも関係し、あるいは影響を及ぼすと思われる場合」などを示していた。

今日の社会状況から見れば「過不足ない」と言えない面があることはもちろんだが、大枠としては現段階でのメディアの認識の方向に合致していると言える内容だった。

村上氏は、当初の新聞協会を含めた新聞界全体の取り組みについては、「プライバシーという言葉だけが先行し、言葉は踊っていたが、内容が伴っていなかったといってもいい過ぎではなかったように思われる」と辛口の評価を行っている。ただ、後述するように、人権意識は時代とともに変化する性格を持っており、変わる人権意識への対応を即時的に行うのはかなり困難であるということも確かであろう。

前述の日弁連の「マス・メディアの報道と人権に関する委員会」は七〇年一一月から検討を始めたが、同年一月に、神戸弁護士会から「マス・メディアの報道によって、被疑者は起訴前において悪人のレッテルを貼られ、社会的には有罪と断定されているに等しい。これでは、憲法第三七条の『被告人の公正な裁判を受ける権利』、同第一一条の『基本的人権の享有を妨げられない権利』等は無視されているようなものというほかなく」、「早急に右のようなマス・メディアの報道の規制措置につき研究する必要がある」との提言が直接のきっかけだったという。それはまた、日弁連第三〇回人権擁護大会宣言に原則匿名主義が盛り込まれた素地でもあった。

〝匿名拡大の暴走〟に歯止めをかけるとともに、新聞側の人権配慮基準を明確にし国民の理解に資することを目的として、読売新聞社が八二年に刊行したのが「書かれる立場　書く立場　読売新聞の『報道と人権』」だった。八一年の日本新聞協会紙面審査全国懇談会で行った朝日新聞社の報告では、八〇年一〇月から一年間の仮名記事は計六四四本、月間最高九〇本で、ある日の夕刊社会面記事一〇本のうち五本が仮名記事だったという実態があったことを、刊行の経緯を説明した『読売新聞百二十年史』は紹介している。そのような状況が、匿名報道の行き過ぎを見直す必要性を高めていたのである。

「書かれる立場　書く立場」は、六〇年のプライバシー基準の延長線上に位置付けることもできる内容だった。読売新聞社が東京、大阪、西部の各本社から集めた約一〇〇〇件の事例を基に検討してまとめた人権報道記述原則や取材のあり方などを社内外に示したもので、時代の変化に対応する形で九五年に続き、二〇〇三年にも改訂版を出版している。

また、八四年にＮＨＫが犯罪被疑者について呼び捨てでなく「容疑者」という呼称付きで報道するようにした動きは、新聞界にも広がった。八九年一一月に毎日新聞が「容疑者」呼称方式に切り替えたことを機に、翌一二月からは朝日、読売、日経など全国紙や東京新聞などの主要ブロック紙も導入に踏み切った。

逮捕状請求や逮捕などの刑事訴訟法に基づく捜査手続きの対象になった犯罪の「被疑者」について、事実報道を行うにしても、「犯人」と決め付けるわけではないことを読者や視聴者に示す対応である。

四面楚歌のメディア

メディアの側がそうした取り組みを重ねるうちにも、特に九〇年代に大きく問題化してきたのが、犯罪被疑者だけでなく、被疑者の家族や犯罪被害者、さらにはその周辺住民までがアピールするようになってきた前述の〝報道被害〟である。

そうした事態を生んだメディア側の事情について、清水英夫・青山学院大学名誉教授は、テレビが速報性などで各種メディアの間で優位に立っていることを指摘したうえで「このようなテレビの力に負けまいとして、雑誌を含めて取材や報道が過激になっている」と指摘している（共著書『報道される側の人権』明石書店）。

確かに、音で聴けるだけでなく眼でも見られるテレビが視聴者の感性にアピールするインパクトは大きい。さらにテレビ番組は、当初のスポーツ、歌謡、ドラマなどエンターテインメント主体から、ワイドショーを含めてではあるが、報道の比重が高まる傾向にある。新聞や雑誌が、メディアとしてそのような強いパワーを持つテレビの報道に対抗していくには、テレビを超える内容を持った報道を目指さなければならない。それだけに、清水氏が指摘する通り、テレビがメディア間の競争を激化させてきたという点は否定できない。しかもテレビ自体、一クルーが三―四人編成で取材・報道に当たるため、取材を集中・過熱化させやすい性格の組織でもある。

そうした特質を持つテレビの報道の比重が高まる流れのなかでメディアスクラム的な取材競争が展開され、容疑者だけでなく、犯罪被害者やその周辺関係者からも迷惑がられる状況が生まれた面があることは間違いないだろう。

ただ、それは音声と映像を兼ね備えたテレビというメディア技術の向上だけから発生してきたわけではない。背景要因としては、国民の人権意識の高まりという社会の変化に伴う要素を見逃せないのである。

　象徴的なのは、住宅用加入電話の電話帳に自分の電話番号や氏名を載せることへの対応である。電話が普及し始めたころは、電話は加入者にとってステータスシンボルのひとつとして誇らしいことで、掲載を望みこそすれ断る理由は、特殊な例外を除いてなかった。ところが二〇〇二年三月現在、ＮＴＴ東日本が契約していた約一八八五万件のうち約四〇％もの加入者が掲載を断っていたという。プライバシー意識の高まりの結果とみることができるだろう。

　そのような変化を促進したのは、コンピューターによる個人情報の管理・利用を幅広くかつ容易に行えるようになってきた高度情報通信社会化のためでもある。利用する側の企業などは、当人の了承を得ないまま個々人の住所、氏名、電話番号、職業などの情報を集め、ダイレクトメールを送るなどの方法でビジネスに応用する傾向が、コンピューターの高性能化、普及とともに強まった。だが、そのように本人の知らないところで個人情報が利用されていることに国民の懸念が広がり、プライバシー意識の高まりにつながる主な要因の一つになったのである。

　それが、インターネットを利用した電子商取引の分野で広がった末、総理大臣を本部長とする高度情報通信社会推進本部（現ＩＴ戦略本部）が個人情報保護法制定を目指して検討を始めたのは一九九八年だった。先行していた欧州連合（ＥＵ）が個人情報保護法制度の充実を求めた圧力が大きなきっかけだった。

　同本部は、情報通信や信用業など問題分野ごとの個別法制定を前提として検討を進めた。しかし、行政機関が全国民の個人情報を扱える量を飛躍的に増やせる可能性を秘めた住民基本台帳法の改正が九九年に行われたのを機に、あらゆる分野を対象とする包括的な個人情報保護法の制定を求める声が政界や消費者団体などから上がり、曲折を経たうえで二〇〇三年に制定された。

当初の法案は、一般法であると同時に基本法的な性格を持っており、個人情報を収集する場合、相手方が収集目的を明らかにするよう求めたり、収集済みの個人情報について当事者が閲覧や訂正を求める根拠になり得る規定として「基本原則」が盛り込まれていた。それが法制化された場合、官庁や企業、公人の不正などを取材・報道する際に、相手方が妨害する理由になり得る可能性があるほか、公権力が言論の自由に介入する根拠にもなるおそれがあるとして、メディアや作家、フリーライターらの批判が強まった。最終的に「基本原則」を削除するという修正が実現したのは、そうした事情が大きかった。

個人情報保護と報道の関係については、日本新聞協会研究所に、学者や弁護士、論説委員計五人が参加して八七年に設けられた新聞法制研究会でも既に検討されており、難しさも認識されていた。その討議結果に基づいてまとめられた『新・法と新聞』(日本新聞協会研究所編)では、「犯罪報道に限らず、知る権利に奉仕する報道機関の立場から考えると、個人情報の保護の方が一歩譲らなければならないケースもあり得る。この二つの利益の調和は極めて困難なことだが、これもやはり報道側の自主的判断にゆだねられるべき課題であろう」と指摘されていた。

個人情報保護法制化と同時並行で、国民を人権侵害から守ることを名目として、二〇〇二年には人権擁護法案が国会に上程された。しかし、やはり取材・報道の規制につながりかねないとして反対する声が高まった。関連部分の条文の記述はストーカー規制法とほぼ同じであり、法務省官僚が民主主義社会における取材・報道をいかに不当に評価してきたかということを如実に物語っていた。それだけに厳しい批判を浴び、政府・与党は結局、メディア規制的な規定については「凍結する」という考えを二〇〇三年に打ち出さざるを得なかったのであった。

さらに、自民党が検討を進めてきた青少年健全育成基本法案の取りまとめも進められてきた。それも、青少年を有害情報から保護するという目的を掲げてきたものの、実際には「官による規制の代行機関」（本橋春紀氏（日本民間放送連盟所属）「青少年有害環境法案（旧法案名＝筆者注）は何をねらっているか」＝現代書館・共著書『包囲されたメディア』所収）となる事業者団体を経由し、公権力が言論活動に介入する可能性を生むものとして反発が広がり、二〇〇四年通常国会では審議未了で廃案になった。

こうした政、官側の法規制の動きは、前記自民党の「報道と人権等のあり方に関する検討会」提言が有力な震源となっている。これに対するメディアの側が困難な立場に立たされたのは、メディア規制を求める声が、自民党だけでなく消費者団体や日弁連内からも上がったという事情にもよる。それらの法制定に関する議論を通じ、メディア関係者は公権力だけでなく、同じ側に立っていると考えられていた消費者団体や日弁連などからも警戒される存在となっていることを強く認識させられたのであった。

日弁連の七六年提言もその一つだったが、メディアの危うい状況を端的に表現した例は、法学セミナー八八年増刊特集「人権と報道を考える」のなかに収録された奥平康弘氏と共同通信の元編集主幹・原寿雄氏による対談記事に「権力と民衆に挟撃されるマスメディア」というタイトルがつけられていたことであろう。また、包括的な個人情報保護法案化をテーマとする政府審議に加わっていた弁護士や消費者団体メンバーが、メディアの懸念に対し、少なくとも初期段階では全くと言ってよいほど理解を示さなかった経緯もある。

取材・報道の現場では、実際にメディアの孤立状況が生まれた。例えば、京都市内の小学生殺害事件では、ＰＴＡ役員が地元警察に対し、取材による混乱防止用のバリケード作りを依頼するなど取材規制を申し入れたという（前掲『マスコミが　やってきた』）。その局面においては、「国民の側に立つメディアｖｓ公権力」という構図が完全に崩れていた。

メディア側は、まさに「メディアは包囲されている」ことを実感させられたのである。

社内チェックから開かれた第三者チェックへ

そうした流れのなかで、学者や弁護士らから様々な提案が行われてきた。なかでも、新聞社側が否定し切れないテーマは、プライバシー侵害など取材、報道への苦情をチェックし対応する機関の創設問題だった。これは、既に八〇年代から提言が目立っていた課題だった。メディアにも、公権力ではない第三者によるチェックが求められるようになったのである。

ただ、新聞の自主チェックの歴史は長い。世界最初と見られているのは、アメリカの「ニューヨーク・ワールド」が一九一三年に「〝正確と公平〟部」を設置したこととされている（橋本正邦氏『新訂　アメリカの新聞』＝日本新聞協会）。

日本の新聞も大きな遅れを取ったわけではない。東京、大阪の両朝日が記事審査部を設けたのは大正一一（一九二二）年だった。社告で表明されたその趣旨によれば「本社新聞の記事に関し、特に申出を受けたる時は、之を公明に審査して誤れるは正し、取消すべきは取消し、その他弁ずべきは弁じ、謝すべきは謝し、場合によって始末を公にして其真相を闡明し、之を紙上に公表することにしました」というものだった（『歴史の瞬間とジャーナリストたち――朝日新聞にみる20世紀』＝朝日新聞社）。その後、同種の部署を設けて社内チェックを行う方式は他紙にも広がった。

朝日の記事審査部発足で注目されるのは、「場合によって始末を公にして」と、社外に開かれた方向性を持っていたことである。ただ、前掲書によれば、「日々の記事の社内審査と新聞用語の改善などを担当」という、主に社内向け組織となっていった。

昭和一三（一九三八）年に読売新聞がスタートさせた記事審査部（三九年に記事審査委員会と改称）も「本紙と他紙とを比較研究するほか、記述内容や扱い方の見直し、真偽の調査」（『読売新聞百二十年史』）といった、社内向け作業中心の組織だった。

戦後になって、読売は社外の第三者によるチェックも導入した。社外モニター制度がそれである。「社外の有識者に『モニター』を委嘱し、いわば読者の視点で（中略）読売新聞の報道の在り方を評価していただこうという狙いである。その役割を報道被害や人権、プライバシーに限局してはいないが、そういう問題にも目配りしてもらう機能も持っている」（高橋利行・読売新聞社新聞監査委員会委員長）「幅広く、新聞のあるべき姿を論議」＝『新聞研究』（2001/9No.602所収）システムだった。「社内オンブズマン」と位置付けられた仕組みである。

社内チェック機関に第三者性を加える流れは、八九年に、いわゆるサンゴ損傷捏造事件をカメラマンが起こした朝日が、学識経験者や他メディア関係者という第三者を加えた紙面審議会を発足させるなど、広がっていった。

放送法などの法律上の企業横断的な報道基準が設けられているテレビ業界も一九九七年、政官側からの圧力を受けながらではあったが、学者や弁護士ら第三者で構成し苦情処理などを扱う「放送と人権等権利に関する委員会機構」（ＢＲＯ）を設置した。また二〇〇三年には、放送の自律と放送文化の質の向上を目的として放送倫理・番組向上機構（ＢＰＯ）を発足させている。さらに日本雑誌協会も、苦情受付窓口として「雑誌人権ボックス」をスタートさせた。

新聞界においては、第三者からなる新たな機関作りの本格的な取り組みを毎日新聞が始めた。二〇〇〇年一〇月に「『開かれた新聞』委員会」を発足させたのである。

五人の委員は学者、弁護士、フリージャーナリストら全員を社外の第三者で構成した。朝比奈豊・同社編集局次長が『新聞研究』2001/4 No.597所収「新聞が見直されていることを実感」で報告したところによれば、委員会の役割は「記事による名誉やプライバシーに関する問題など、当事者からの人権侵害の苦情や意見に対する本社の対応をチェックし、意見を述べる」、「読者の指摘があったり、委員が本紙の報道に問題があると考えた場合は、編集方針に関するテーマは除き、意見を表明することができる」、「これからの新聞のあり方を展望しながら、より良い報道を目指して提言する」ことだった。

最大の特徴は、委員会の検討状況を紙面で読者に報告するという、社外に開かれた方法である。そうした性格の機関を新設した動機については「『新聞は苦情に対して社内でお手盛りの処理をしている』という不信の声にこたえたい、と考えたからだ」（前掲論文）としている。

「わが国の社内審査・監査のありかたは、社外に大きく『開かれて』はいない。それが本質的に、製造物の『品質検査・品質管理』併せてユーザーからの受付け窓口、であるからだ」（潮見憲三郎氏「『報道オンブズマン・評議会』とは何か」＝前掲法学セミナー増刊「人権と報道を考える」所収）という批判に応え、メディアが孤立的な状況から脱するために必要な選択だったといえる。

報道の問題点をチェック・検討している様子を社外に報告するという「開かれた」同様な方法は、朝日、読売など全国紙や地方紙、さらには通信社なども次々に導入していった。

到達点としてのメディアスクラム対策

フランス・プレス研究所のクロード・ジャン・ベルトラン氏は編著書『世界のメディア・アカウンタビリティ制度』（明石書店・共著書）で、表題のその制度について「メディアだけでなくジャーナリストも抱え込み、さらに決定的な点としては、直接にあるいは間接的に大衆を取り込んで」、「政府の介入なしに、もっぱら道義的な圧力によってメディアを正しく機能させるよう刺激する方法」と述べている。その代表的なものが横断的な性格の報道評議会方式である。世界で最初に誕生したのは一九一六年で、スウェーデンのナショナル・プレスクラブが設立したプレス評議会だとされている（日本新聞協会・第八次新聞法制研究会編『編集権』八六年）。

日本のメディアは相当に遅れを取りはしたが、それでもようやく第三者による紙面のチェック状況を公表し始めたことは、メディア・アカウンタビリティへの取り組みが本格的に進み始めたことを示している。

ただ、毎日の『開かれた新聞』委員会」も検討対象から「編集方針に関するテーマは除き」としているように、独自の編集方針を確保するための、いわゆる編集権の領域については第三者である委員の介入を避けている。前述の、「取材、報道への苦情に対応する共通機関」創設が困難なのは、各社ごとの編集権に関わるためと言える。

報道内容に関わる編集権については、一九四八年の新聞協会の「編集権に関する声明」が、敗戦後、GHQから指導を受けた経緯から様々な評価がある。「外部的な拘束に対する紙面編集の自由」と「新聞社の内部における紙面編集の権能」（前掲『編集権』）という二面性を持っているためである。ただ、各社ごとの編集権は外部からの不当な介入を排除し、各社ごとの報道の個性とメディア界全体としての多様性が確保されるうえで軽視できない要素にもなり得る。

編集権を掲げるメディアの側に第三者チェックへの警戒心があるとすれば、第三者の指摘によって報道の個性が損なわれることへの懸念によると言える。そのような懸念は、第三者といっても、判断、価値観がパーフェクトな人間はあり得ないという点に、理由が求められる。民主主義が成熟し、民主的な価値観についての合意が広がっているレベルに達した社会では、そのような懸念は比較的小さいかも知れない。だが、特に成熟度が「開発途上国並み」とさえ言われる日本では、「第三者」といっても、第三者同士の価値観の落差や、社会通念との距離などで少なからぬ課題があると言えよう。

アメリカでさえも、メディア横断的なチェックを目指す全国ニュース協議会が一九七三年に発足したが、八四年に解散した。ニューヨーク・タイムズなどが参加しなかったためだ。読売新聞新聞監査委員だった前沢猛氏が当時行ったインタビューに対し、タイムズのニュース担当編集長は、発行者のサルツバーガー氏が「新聞は紙面に自ら責任を持つべきで、将来、何らかの圧力になる恐れがある外部の支配は、絶対に容認できない」と語っていたという（『マスコミ報道の責任』

三省堂）。

タイムズでは、創刊以来一五〇年余の歴史のなかで最悪といえる記事捏造事件が二〇〇三年に発覚し、その再発防止策として社内オンブズマン的なチェック方式を採用はした。しかし、新聞界全体の統一的なチェック機関の創設に向かう動きは見せなかった。サルツバーガー氏が示した立場は、その後も不変なのであろう。

日本の場合は、また別の事情もある。民主主義は、まだ「開発途上国並み」で、国民の〝観客民主主義〟の弊害が語られるレベルであり、民主主義の理解の仕方については、ばらつきが大きいという指摘もある。実際、メディア関連法案の検討過程などで、市民派と言われるような人たちからも、いとも簡単にメディアの活動に対する規制を求める意見が出されたことは、その実例と言えるだろう。そのような現状では、第三者によるチェックの信頼度にも限界がある。その点も、新聞界の横断的な苦情処理共通機関創設の検討が日本では進みにくい背景事情の一つと言えるだろう。

確かに、テレビの分野では統一的な苦情処理機関が設置されているが、それが可能になったのは、苦情の発生という現実に加え、理念的とはいえ放送法に基づいて放送のあり方について統一的な基準が示されているためとも言える。「政治的に公平であること」、「報道は事実をまげないですること」など四項目が「報道番組の編集権に関する通則」に掲げられているのである。

他方、新聞については取材・報道のあり方について法規に基づく基準がない。それゆえに、新聞にとってメディアスクラム防止対策が特に大きな意味を持つのは、報道・表現の内容すなわち編集権の領域に踏み込むことなく、人権やプライバシー侵害を防ぐ手立てになり得るためと言える。メディアスクラム対策は、報道・表現の内容に関する協調的対策ではなく、取材の方法の面で人権、プライバシーの侵害を防ぐためのものだからである。

日本のメディア、特に新聞はこれまで、人権、プライバシー保護のため各社が自主的に前述のように対策を進めてきた。そのような対策を取材領域に限定し横断的に協調実施していくべく採用したメディアスクラム対策の意義は、「報道内容」への第三者の介入を回避しつつ、各社が自社の個性を失わせるような報道への法的拘束の懸念なく参加し得る範囲での取り組みを方式化した点において、現段階で「到達点としての対策」と意味付けることができるだろう。

ただし、課題も少なくない。最大の問題点は、システムとしての自律的コントロールとはいっても、拉致報道のケースで見たように、公権力や取材対象者による取材・報道への介入の可能性がつきまとうという点である。

特に、政府や自治体などが調整仲介者の立場でかかわる際、被取材者に関する情報の開示を十分に行わない場合は、一部のメディアが取材の機会を逸するようなトラブルが起きるし、報道を特定の方向に誘導することにもなりかねない。それゆえに、仲介者が被取材者との打ち合わせで入手する情報は原則公開させる必要があることは、新潟県などでの教訓となっている。

ある意味では、それ以上に難しいのは、新聞、テレビ、雑誌というメディアの性格の違いが、メディアスクラム防止対策を成立させるハードルになる可能性があることである。それを先取りしかけたのは、ベテラン女優の息子が絡んだ前述の覚せい剤事件の取材における対応だった。

毎日新聞の二〇〇一年五月一日付けインターネット発信記事によれば、同年二月二一日の第二回公判終了後、保釈されたばかりの息子のインタビューを取ろうと、約四〇台のテレビカメラが向けられ、マイクを持った芸能レポーターらが詰め掛け、前述のような混乱が起きた。しかし、地元に支局を置く新聞社が加盟する川崎社会記者会に所属する記者たちは〝被告のインタビューは不要〟という立場から、あ然として遠巻きに見守っていた。

息子の弁護士は、約二か月後に予定されている判決公判では、同様な事態は避けたいとして、メディア側に対応策を求めた。これに対し、メディアの中には「記者会のメンバーは混乱の輪に入っていなかった。自分たちはこれまで通りやればいい」という意見も出された——という。

新聞や、テレビでも生ニュースを伝える報道番組は、取材の観点に大きな差はない。しかし、テレビでもワイドショーや週刊誌などは、速報性や分析・批評的な取材・報道よりも、個々の関係者を中心にした話題風な面に、より大きな関心を持つ。締め切りまでの間隔も、新聞が朝夕刊でみれば半日ごとなのに対し、ワイドショーや雑誌はより長くできる。

そうした違いがある以上、メディアスクラムを防ぐためとはいえ、対策に関する視点の置き方に違いが生じるのは当然とも言える。そのような違いは、特に、共通のメディアスクラム防止対策が長期にわたる場合、協調を難しくする要因になる可能性がある。メディアスクラム対策を確立すべき事情がある時に各分野のメディアの間でコンセンサスを形成するためには、やはり互いが個別のケースに即して対応方法を検討し煮詰めていくしかないだろう。

他方、概念があいまいさを持つ「プライバシー」の保護を理由に、その拡大解釈によって被取材者側が過剰に取材・報道に介入する事態への対応も必要である。対策の進め方によっては、メディアスクラム対策への批判で指摘される通りに、メディア側の萎縮や画一的報道につながりかねない面もある。

そうした危険性を乗り越えていく上で重視すべきは、「メディアスクラム防止対策は取材・報道自粛のためでなく、あくまで取材・報道を行いやすくするため自律的に実施する対応方法」という基本を認識して臨むことである。

その対策の質を向上させていくカギの一つは、各社ごとに時代の変化に対応しつつ取材・報道に関する判断基準を練り上げていくことだろう。

それを取材、報道の現場で生かすためには、アメリカのような大学での教育も視野に入れた、体系的で実効性のある記者教育を通じて浸透させていく取り組みも必要になる。大学でのメディア教育は従来は、新卒者採用の面でも重視されてこなかった要素だ。筆者も、大学時代は全く無縁だった。しかし、個人情報保護法制定プロセスなどで報道と人権の距離が強く意識されたことなどをきっかけに、採用前も後も教育が重要な課題であることが認識されてきた今では、大学で体系的な教育を受けてきた者を採用することは、メディアにとって記者養成の効率性という観点からも重視すべきということになるだろう。

具体的には、すぐにも採用可能な方法として、入社内定者に「卒業までにメディアやマスコミュニケーション関係の単位を取得すること」を課するという方法もあるだろう。

従来、記者教育の中心になってきたオン・ザ・ジョブ・トレーニング方式にも有効性があることはもちろんである。特に、人権保護の点でグレーゾーンにあるような事例が発生した場合、担当部署で一線の記者からデスクまで交えて、どのように扱うのが適切なのかを議論することは、実地教育としても意義が大きい。そうした対応が目立つようになってきてもいる。

ただ、個々のケースで、しかも締め切り時間という制約のなかで行われる実地教育は体系性に欠けるという問題点がある。体系的な教育は社員研修でも行えないことはないだろうが、研修を実のあるものにするには相当な工夫が必要だと思われる。実務についている者には、研修の時間は実務の間の空白のように受け止められる可能性があるためだ。

活発なマス・メディアを擁するアメリカでは、ニュース・メディアの管理職と人事担当者五〇〇人が回答したアンケート結果によると、「大学のジャーナリズム教育は不要とする意見は一〇%と少数派であり、八八%は必要と考えている」（大井眞二・日本大学教授「ジャーナリズム・マス・コミュニケーション教育の現在」＝日本マス・コミュニケーション学会『マス・コミュニケーション研究』No.59　2001所収）という。

新聞、放送のほかインターネットなどメディア多様化が進むなか、メディアスクラムへの対応という課題だけで見ても、ジャーナリスト教育は日本でも、従来のような企業内教育だけでは不十分な時代に移ってきているといえるだろう。

資料編

資料① 集団的過熱取材に関する日本新聞協会編集委員会の見解

二〇〇一年一二月六日
第六〇九回編集委員会

事件や事故の際に見られる集中豪雨型の集団的過熱取材（メディアスクラム）に、昨今、批判が高まっている。この問題にメディアが自ら取り組み自主的に解決していくことが、報道の自由を守り、国民の「知る権利」に応えることにつながると考える。こうした認識に立って、日本新聞協会編集委員会は、集団的過熱取材にどう対処すべきかを検討し、見解をまとめた。

集団的過熱取材とは、「大きな事件、事故の当事者やその関係者のもとへ多数のメディアが殺到することで、当事者や関係者のプライバシーを不当に侵害し、社会生活を妨げ、あるいは多大な苦痛を与える情況を作り出してしまう取材」を言う。このような状況から保護されるべき対象は、被害者、容疑者、被告人と、その家族や、周辺住民を含む関係者である。中でも被害者に対しては、集団的取材により一層の苦痛をもたらすことがないよう、特段の配慮がなされなければならない。

集団的過熱取材は、少数のメディアによる取材である限り逸脱した取材でないにもかかわらず、多数のメディアが集合することにより不適切な取材方法となってしまうものだ。また、事件・事故の発生直後に特に起きやすく、そのような初期段階での規制は必ずしも容易ではない。このため、取材現場を必要以上に萎縮させないことにも留意しつつ、次のような対応策をまとめた。

すべての取材者は、最低限、以下の諸点を順守しなければならない。
①いやがる当事者や関係者を集団で強引に包囲した状態での取材は行うべきではない。相手が小学生や幼児の場合は、取材方法に特段の配慮を要する。
②通夜葬儀、遺体搬送などを取材する場合、遺族や関係者の心情を踏みにじらないよう十分配慮するとともに、服装や態度などにも留意する。
③住宅街や学校、病院など、静穏が求められる場所における取材では、取材車の駐車方法も含め、近隣の交通や静穏を阻害しないよう留意する。
不幸にも集団的過熱取材の状態が発生してしまった場合、報道機関は知恵を出し合って解決の道を探るべきであり、そのためには、解決策を合同で協議する調整機能を備えた組織をメディア内部に持っておく必要がある。調整は一義的には現場レベルで行い、各現場の記者らで組織している記者クラブや、各社のその地域における取材責任者で構成する支局長会などが、その役割を担うものとする。解決策としては、社ごとの取材者数の抑制、取材場所、時間の限定、質問者を限った共同取材、さらには代表取材など、状況に応じ様々な方法が考えられる。

また、現場レベルで解決策が見いだせない場合に備え、中央レベルでも、調整機能や一定の裁定権限を持った各社の横断的組織を、新聞協会編集委員会の下部組織として設けることとする。

集団的過熱取材の被害防止は、各種メディアの一致した行動なしには十分な効果は期待できない。このため新聞協会としては、放送・雑誌など新聞以外のメディアの団体に対しても、問題解決のための働きかけを行うことを考えたい。

なお、集団的取材であっても対象が公人もしくは公共性の高い人物で、取材テーマに公共性がある場合は、一般私人の場合と区別して考えることとする。

われわれは今後も、必要に応じ見解を見直し、集団的過熱取材問題に適切に対応していきたいと考えている。各取材現場においても、記者一人ひとりが見解の趣旨を正しく理解し、この問題の解決に取り組んでほしい。

資料② 集団的過熱取材問題への対応について

社団法人日本民間放送連盟
二〇〇一年一二月二〇日

大事件や大事故が発生した時などに、多数の取材陣が当事者や関係者に集中し、取材対象者のプライバシーや一般市民の平穏な生活が侵されるという批判の声が高まっている。民放連各社は、取材のあり方を改善し、視聴者の理解を得るための自主努力を続けているが、このような「集団的過熱取材」による被害の防止や問題解決のために、各社共通の留意点を現場取材者に徹底するなどの対応を取るべきであるとの認識に達した。

もちろん、こうした対応を行うことが、「知る権利」に応えるために本来必要な取材を控えることを意味するものではない。取材対象者が政治家や官僚といった公的人物の場合などは、取材の公共性や報道の公益性を優先させることがある。

なお、この問題は、全てのメディアが一致して取り組まなければ、実効性がないことから、新聞界、雑誌界などとの連携を図っていきたいと考えている。

1　集団的過熱取材に関する取材上の留意点

「民放連・報道指針」は「取材対象となった人の痛み、苦悩に心を配る。事件・事故・災害の被害者、家族、関係者に対し、節度をもった姿勢で接する」と明記している。取材者が集団化して取材相手に圧力を加えかねない状況においては、上記の指針がより厳格に守られる必要がある。

特にテレビは、記者・カメラマンなど一定の人員、中継関連の車両・機材などを展開しなければならず、その媒体特性から来る物理的な要因を踏まえた十分な配慮が求められる。

具体的には各社の社内規範に従うが、現場の取材者は以下の点に留意すべきである。

①いやがる取材対象者を集団で執ように追いまわしたり、強引に取り囲む取材は避ける。未成年

者、特に幼児・児童の場合は特段の配慮を行う。
②死傷者を出した現場、通夜・葬儀などでは、遺族や関係者の感情に十分配慮する。
③直接の取材対象者だけではなく、近隣の住民の日常生活や感情に配慮する。取材車両の駐車方法、取材者の服装、飲食や喫煙時のふるまいなどに注意する。

2　集団的過熱取材への対応策

突発的な事件・事故の初期段階においては、できる限り早く状況を把握し視聴者に伝えるために、各社が複数の取材クルーを派遣することがあり、取材者が集中する事態を規制することは難しい。また、予定されたイベントであっても、一般の関心が高い場合、異なるメディアから多数の取材者が集中することもある。

こうした事態が集団的過熱取材に至り被害を発生させないように、まず、各社内および系列内において、社会情報系を含め、記者、ディレクター、カメラマンの数を調整するなどの措置を具体化する。さらに、現場に集まった取材者がメディアの枠を超えて新聞やＮＨＫなどとともに問題解決のための方法を模索し、被害の回避に努める。記者クラブがある場合には記者クラブを中心に協議する。現場レベルでの解決が困難な場合は、民放連・報道問題研究部会が窓口となり、関係の報道部長会などと協力しながら調整する。また、マスメディア界全体での取り組みが必要な場合は、日本新聞協会と連携しながら、雑誌など他のメディアに対しても協力を呼びかける。

われわれは、この取り組みを積極的に推進していくことで、視聴者からの信頼をより確実なものにしていきたいと考えている。

以上

資料③　集団的過熱取材（メディアスクラム）についての見解　二〇〇二年五月九日

社団法人　日本雑誌協会
編集委員会委員長　白石　勝
取材委員会委員長　鈴木　紀夫

マスメディアの集団的過熱取材、いわゆるメディア・スクラムに対し、これを是正すべきだとの声があります。立法分野では、今国会に上程中の『人権擁護法案』が、犯罪被害者等を報道するにあたり「その者の生活の平穏を著しく害すること」をメディアの人権侵害の一つに挙げ、特別救済措置（調停及び仲裁）の対象としています。これは、『人権救済制度の在り方について』（平成一三年五月答申）が、メディアには「過剰な取材による私生活の侵害等の問題がある」とした上で、「行き過ぎた取材活動は、（犯罪被害者等に）二次被害とまで言われる深刻な被害をもたらしている」と明記したことを受けて盛り込まれたものです。

私たちは、読者の知る権利は侵されることがあってはならず、故に、知る権利に応えるための取材の自由は不当に制限されるべきではないとの基本に立っていますが、この基本姿勢を守るためにも、集団的過熱取材の問題を直視し、その是正に自主的に取り組むことが重要だと考え、以下の見解をまとめました。

集団的過熱取材（メディア・スクラム）とは、大きな事件・事故等が起きた際、多数のメディアが大量の取材陣を現場あるいは当事者のもとに送り込み、その結果、取材秩序の維持が著しく困難になり、さらには、被取材者が平穏な社会生活を営むことをも阻害する取材の様態を指しています。すなわち、少数のメディアによる限られた取材陣の取材であれば何ら問題とはならないのに、多数のメディアが集中して行うために「過剰」との批判を生む可能性の高い取材が、こう呼ばれています。

しかし、何人以上の取材者を指して「集団的」と呼ぶのか、誰がどのような基準を持って「過熱」と判断するのか、いずれも基準はあいまいで、各メディアとも、これまでの取材体験から「集団的過熱」状態を、それぞれイメージしているのが現状だといえます。

また、大きな事件・事故の勃発時には集団的過熱状態が起こりやすく、その可能性を皆無とすることは困難だとの認識も、各メディアに共通したものだろうと考えます。

大きな事件・事故の際は、その当初、雑誌メディアはもちろん現場での取材にあたります。しかし、実際の取材現場においては、雑誌の取材者数はテレビ、新聞のそれに比べてはるかに少数であり、さらに雑誌は、多数のメディアが集中する現場取材を長期間継続して行うことはごく稀です。理由は、雑誌のメディアとしての特性に因っています。

雑誌は、事件・事故等の時事の報道を重要な役割とする新聞や、取材対象に関わる音声、映像を必須とするテレビとは、メディアとしての性格が大きく異なります。雑誌は、事件・事故等の時事の展開を端緒に、他のメディアがいまだ取り上げない取材源の確保を図り、独自の取材結果をもとに、その事件・事故等の背景を探り、また新たな視点を加えて報道することを第一義とするメディアです。

こうした特性を持つ雑誌メディアに「もっとも馴染まない取材方法」が集団的過熱状態での取材であり、むしろ、これを避けることが雑誌作りのセオリーであるとの認識をもっています。

しかし、「少数であること」を理由に、取材現場での集団的過熱状態に手をこまねいてよしとする考えも、雑誌にはありません。テレビ等で集団的過熱取材の現場を目にする人々には、雑誌の取材者を判別することはもちろん、その数が極めて少数であると知ることもできません。

日本雑誌協会では、『雑誌編集倫理綱領』を定め、これまでも「基本的人権」の尊重とともに「人の名誉やプライバシーをみだりに損なうこと」を戒め、また、「未成年者の扱いには充分慎重」であるべきこと、「犯罪・事故報道における被疑者や被害者の扱いには十分注意」することに、細心の注意を払ってきました。

日本雑誌協会は、『雑誌編集倫理綱領』の上記文言の主旨を取材の現場においてさらに徹底させることで、集団的過熱取材（メディア・スクラム）の是正に取り組みます。また、実効性ある取り組みのために、今後、日本新聞協会、日本民間放送連盟、日本放送協会との連携をより一層強化してまいります。

以上

資料④　北朝鮮による拉致被害者家族連絡会と北朝鮮に拉致された日本人を救出するための全国協議会が日本新聞協会と日本雑誌協会、日本民間放送連盟に申し入れた「拉致被害者の帰国に当たっての節度ある取材のお願い」

二〇〇二年一〇月一一日

すでに、報道されていますように来る一〇月一五日に、北朝鮮より拉致被害者五人の方が帰国する予定ですが、帰国及び滞在に際し、報道取材が過熱することが想定されます。

帰国する本人は北朝鮮に夫や子らを残している大変微妙な立場であり、迎える家族の意向は、静かに再会を果たしたい点であることに十分ご理解いただき、報道各社におかれましては、是非とも節度ある取材対応をお願いいいただく旨、強く要請致します。

資料⑤　福井県報道責任者会議が全てのメディア関係者に向けて行った「集団的過熱取材（メディアスクラム）を発生させないために」の呼びかけ

二〇〇二年一〇月一一日

すでに報道されているように、朝鮮民主主義人民共和国（北朝鮮）による日本人拉致事件の被害者で生存が確認されている五人が一五日から二週間の予定で一時帰国することになりました。五人のうち地村保志さん（四七）と浜本富貴恵さん（四七）が福井県小浜市の出身で、古里まで来て家族や親戚・友人と二四年ぶりの再会を果たすことになると思います。

懸念される集団的過熱取材ですが、これまでは家族である地村保さん（七五）と浜本雄幸さん（七二）の理解と協力を得て無理と思われるような取材にも応えてもらっていましたが、今度の拉致被害者本人の一時帰国というのはこれまでの何倍もの取材陣が集まると思われ、対応を誤れば集団的過熱取材（メディアスクラム）を発生させることが懸念されます。

私たち福井県報道責任者会議は、メディアスクラムを発生させないよう節度ある取材を心がけなければならないと考えます。地元の「拉致被害者を救う会」から被害者家族の意向として「帰国中は家に入っての取材は控えて欲しい」「静かに見守って欲しい」ということが伝わっています。「拉致被害者家族の会」代表の横田滋さんのインタビューでも「過度な取材は避けてほしい」との要望が表明されています。もし間違って節度ある取材ができずに問題が発生すれば、本来最も取材して伝えなければならない大切な事柄を伝えられない事態になり「国民の知る権利」に応えられなくなる危険もあると憂慮しています。

このような事態になることを避けるために、全国の新聞・テレビ・ラジオ・雑誌の記者およびカメラマンの方々に節度と常識をもった取材をしていただくようご理解とご協力をお願いするものです。具体的には①被害者本人・家族の人権とプライバシーを損なうことのないよう配慮する、②周辺住民の迷惑になるような取材および行動は自粛する、③小浜市に設置予定の「臨時記者クラブ」で決めた取材申し合わせや取り決めなどは順守していただきたい――などです。

「臨時記者クラブ」については当該の記者クラブである「小浜記者会」と「福井県報道責任者会議」で協議を進めています。細部は未定ですが「臨時記者クラブ」は基本的に開かれたクラブとし、日本新聞協会や日本民間放送連盟などに非加盟のジャーナリストでも受け入れます。同クラブを通じた取材要請にはできるだけ応じてもらうよう取材対象と交渉しますが、同クラブでの取り決めは順守していただきたいと思います。

もちろんこのことは自由な取材と報道を妨げるものでないことは言を待ちません。また、公正で正確な報道が拉致事件解決の大きな推進力となるとともに、日本の外交関係改善にも寄与するものと確信します。しかし、自由な取材・報道と無軌道で自己中心的な行動とは峻別するべきだと考えます。今われわれ報道機関とジャーナリストは「国民の知る権利にいかに応えるか」という従来からの命題と、「報道活動によって国民の人権とプライバシーを損なわない」という新しい命題とを同時に満たさなければならないという難しい局面に立たされています。

しかし、この一見難しく二律背反とも思える命題も、取材に際しては事実確認を正確に確実にして思い込みを排すること、報道も興味本位に走ったり感情に流されることのないよう十分注意をすること、また主張すべきは堂々と主張し不羈不撓を貫くこと、など取材・報道の基本動作を再確認することで解決の糸口をつかめるものと考えます。

今回のわれわれ福井県報道責任者会議の協力要請は以上のような考えから発しています。「集団的過熱取材問題が起こることが懸念される」という早い時点での要請になりますが、問題が起こってしまってからでは対処が難しくなることが予想されますので、われわれの意向を汲んでいただき理解と協力を要請するものです。

資料⑥　新聞倫理綱領

二〇〇〇年六月二一日制定

二一世紀を迎え、日本新聞協会の加盟社はあらためて新聞の使命を認識し、豊かで平和な未来のために力を尽くすことを誓い、新しい倫理綱領を定める。

国民の「知る権利」は民主主義社会をささえる普遍の原理である。この権利は、言論・表現の自由のもと、高い倫理意識を備え、あらゆる権力から独立したメディアが存在して初めて保障される。新聞はそれにもっともふさわしい担い手であり続けたい。

おびただしい量の情報が飛びかう社会では、なにが真実か、どれを選ぶべきか、的確で迅速な判断が強く求められている。新聞の責務は、正確で公正な記事と責任ある論評によってこうした要望にこたえ、公共的、文化的使命を果たすことである。

編集、制作、広告、販売などすべての新聞人は、その責務をまっとうするため、また読者との信頼関係をゆるぎないものにするため、言論・表現の自由を守り抜くと同時に、自らを厳しく律し、品格を重んじなければならない。

自由と責任　表現の自由は人間の基本的権利であり、新聞は報道・論評の完全な自由を有する。それだけに行使にあたっては重い責任を自覚し、公共の利益を害することのないよう、十分に配慮しなければならない。

正確と公正　新聞は歴史の記録者であり、記者の任務は真実の追究である。報道は正確かつ公正でなければならず、記者個人の立場や信条に左右されてはならない。論評は世におもねらず、所信を貫くべきである。

独立と寛容　新聞は公正な言論のために独立を確保する。あらゆる勢力からの干渉を排するとともに、利用されないよう自戒しなければならない。他方、新聞は、自らと異なる意見であっても、正確・公正で責任ある言論には、すすんで紙面を提供する。

人権の尊重　新聞は人間の尊厳に最高の敬意を払い、個人の名誉を重んじプライバシーに配慮する。報道を誤ったときはすみやかに訂正し、正当な理由もなく相手の名誉を傷つけたと判断したときは、反論の機会を提供するなど、適切な措置を講じる。

品格と節度　公共的、文化的使命を果たすべき新聞は、いつでもどこでも、誰もが、等しく読めるものでなければならない。記事、広告とも表現には品格を保つことが必要である。また、販売にあたっては節度と良識をもって人びとと接すべきである。

資料⑦　拉致事件の取材・報道をめぐって——被取材者の立場から（講演要旨）

「北朝鮮による拉致被害者家族連絡会」事務局長　蓮池透氏

東京地区マスコミ倫理懇談会は一月二八日の例会で、「北朝鮮による拉致被害者家族連絡会」事務局長の蓮池透氏から、標題の話を聞き、懇談した。同氏は、奥土（旧姓）祐木子さんとともに北朝鮮に拉致された蓮池薫さんの実兄で、九七年に家族会を組織し、拉致被害問題に精力的に取り組んでいる。以下は講演とそれに続く質疑の要旨である。

（マス・コミュニケーション倫理懇談会全国協議会『マスコミ倫理』No.520 二〇〇三年二月）

このような席で、みなさんにお役に立てる話ができるかどうか分からないが、昨年九月から私や家族が経験したことを率直にお話ししたい。弟が拉致されてからの二四年間で、これだけ多くの取材を受けた経験はなく、とまどいや驚きがある。

昨年九月一七日に小泉総理が訪朝した際に、北朝鮮は拉致犯罪を認めて謝罪した。このとき政府は北朝鮮側の示した資料を基に安否情報を提示したが、それをさらにマスコミ各社は何の裏付けもないままに報道した。中には「四人生存八人死亡」という大見出しの号外まで出る始末であった。

私たち家族は、一夜にして生死の色分けをされてしまったが、その根拠を外務省に確認すると、まことにいい加減なものであった。もし、それを確認しなければ、当初の発表が既成事実化してしまって、それで終わりになってしまっていたと思う。福田官房長官や植竹外務副大臣の政府発表には作為の跡があると思うが、それをマスコミの人は誰一人として暴こうとしない。

訪朝団が帰国した一〇月二日に私たち家族は報告を受け、翌日に開いた「家族会（北朝鮮による拉致被害者家族連絡会）」で調査団の記録については一切非公開にさせていただくとの意向をまとめた。

ところが、共同通信社の記者が面談記録を入手したので各社に配信して良いかと承諾を求めてきた。なぜ、非公開としたはずの面談記録を持っているのか問いただしたが、情報源の秘匿ということで教えていただけなかった。結果的に配信を断ったが、相当執ような要求であり、こういう情報がいとも簡単に漏えいしてしまうことで、非公開にすることの恐ろしさを感じた。

その翌日には、浜本さんがテレビの生番組で面談記録の一部をしゃべったことから、帰りの新幹線の中で幹事社の朝日新聞社の記者と、記録の公開をめぐって深夜までもめた。

このようなトラブルを考えると、拉致被害者が帰国したときには相当の過熱報道が起きるのではないかと懸念を抱いた。

そこで、「救う会（北朝鮮に拉致された日本人を救出するための全国協議会）」と相談し、五人の帰国直前の一〇月一一日に、新聞協会、民放連、雑誌協会の各団体を訪ねて、節度ある取材を要請し、ルール作りを求めた。その結果、新潟、福井それぞれの地元記者クラブと私たち家族との間に「救う会」の仲介が入って、一日一回、記者のみなさんに動向をお知らせするという枠組みができ、被害者本人への直接取材と家族への個別取材は当面遠慮していただくことになった。

被害者の帰国後はそうした形で代表取材や合同記者会見で取材対応をしていた。これまで私が経験した現場の記者との関係では、望遠レンズによる盗撮に近い行為を除いては、概ね良好な関係が築けていると思う。寒い中で一日一回の会見を待っている記者のことを考えるに付けて、会見では時間を制限せず、記者から質問が無くなるまで可能な限り対応してきたつもりだ。

被害者本人に対する取材要請が相当あることから、本人たちには、なるべく表に出て記者のみなさんと接し、できる範囲でよいから質問に答えなさいと言っているが、いまだ要望には十分に応じられない状況だ。

金日成バッジを外した今も、北朝鮮に家族を人質に取られていることをおもんばかって、変に刺激しないように気遣っている。人質が帰国できれば、彼らの口は自然と開くし、個別取材も可能になるだろう。デリケートな状況に置かれていることを十分にご理解いただいた上で、そうした時期が早く来るようにマスコミのみなさんにご協力いただきたい。

各社の取材・報道の問題

フジテレビ、朝日新聞、毎日新聞三社のキム・ヘギョンちゃん報道が横田さんの訪朝問題の引き金となり、私たちは迷惑している。このインタビューの設定は明らかに北朝鮮の謀略、策略であり、それをきちんと検証した上で、視聴者や読者に伝えるべきではなかったか。それを垂れ流ししていた。

フジテレビの番組には「救う会」の西岡力副会長が出演していたが、インタビューテープの不可解な部分を指摘したら、その後は一切コメントを求められず、西岡さんによる検証はほとんどできなかった。どちらかというと、ヘギョンちゃんと横田さんを物語的に扱い、バラエティー番組のようになってしまったのではないか。

また、同時に取材していた朝日新聞と毎日新聞、そしてフジテレビの三社に抗議したが、各社からは謝罪めいたものはなく、「明らかに正しい報道」という返事がきたので、その三社が参加する限りは一日一回の記者会見も開かないと申し上げたら、各社が釈明文を出してきた。しかし、やはり謝罪文と見られるものはなかった。

朝日新聞は、記者会見を取りやめるのは記者クラブと被害者の間の枠組みを崩すことだとして記者会見中止を考えなおすよう言ってきたが、その朝日新聞が後の『週刊朝日』の報道で自ら枠組みを崩している。

日本テレビの「奥土親子の物語」という番組を見たときには、正直言って吐き気がした。単に奥土親子が物理的に再会できてうれしいというお涙ちょうだいの陳腐な番組だ。プロデューサーは家族愛を描きたかったらしいが、それをやるには時期尚早だ。再会できてもそこには心が通っていないということが、プロデューサーには分からなかったらしい。報道する時期を考えていただきたいと日本テレビには厳重に抗議した。

『週刊金曜日』のジェンキンスさんと娘さんのインタビュー記事だが、これはもう語るにも値しない。さらに、佐渡では手に入らないだろうと本人に届けたことは言語道断だ。同誌の編集委員の一人は、日本人はバカではないから理解できるとおっしゃった。仮にそうだとしても、「北朝鮮の工作活動の一環であるが、本誌読者の多くはこれにだまされるはずはないから、そのまま掲載する」と読者に断れば、何の問題もなかったのではないか。

その後、共同通信、TBSが病床のジェンキンスさんにインタビューしたが、二番煎じであり、怒りよりも呆れてしまった。ジェンキンスさんがわりと元気であることは分かったことについては良かったが、これでもかと情報を突きつけるやり方に疑問を感じた。

その後、共同通信社から事情説明したいと訪ねてきたが、そういうことは事後に説明してもらっても困る。

その時に、なぜ、姜錫柱（カン・ソクジュ）第一外務次官をインタビューするために北朝鮮に行ったはずなのに朴龍淵（パク・リョンヨン）外務省第四局副局長を取材したのか、また、なぜ病院にいるジェンキンスさんを取材したのか、その取材ポリシーを尋ねてみた。

共同通信は、取材許可が得られなかったからだと答えたが、それにしてもパク主席代表に対するインタビューも言いたいことを言わせているだけで、質問の切り返しが全くない。何のために被害者を一度北朝鮮に戻さなければいけないかということすら聞かない。

北朝鮮が日本政府も日本のマスコミも信用できないと言っていることについて、怒りを持たないのか。（取材の機会を得た）共同通信社とＴＢＳは本人のしゃべっているビデオを持参して見せるくらいのことはしても良いではないかと申し上げても、答えはない。

わざわざお金を掛けて北朝鮮に出かけて、彼らを利するだけの報道をしているが、おそらく、許可が出ればどの報道機関も喜んで同じ事をしてしまうだろう。それは非常に情けない。今、そんなことをする社はないと思うが、もしするならば、子どもたちのインタビューでも何でも勝手にどうぞというふうに態度を決めている。

『週刊朝日』についてもいろいろと抗議した。朝日新聞社は地元記者クラブの幹事社でありながら、マスコミと被害者の間に作りあげた枠組みを自ら壊してしまった。謝罪はあったものの、編集長は「本人の了解があればよいと思った」と言っている。これに対して、認識不足だとして「家族会」として抗議したところ、釈明したいと申し出てきたので、待っていたが、招待した場所には現れなかった。

このように、マスコミの報道について、いろいろな問題があるし、家族や被害者にとっては気に入らないことが続いた。報道の後に抗議してもほとんど無意味だ。時間や労力を費やすことは非常にむなしいが、ただ、言うべきは言わなければならないので、今後もそうした抗議や意見を言い続けていくことは、ご理解いただきたい。

朝日新聞の報道姿勢

この拉致事件の中で、最も責任が重いのは朝日新聞ではないか。拉致問題を取り上げないどころか、一貫して拉致被害者とその家族を邪魔者扱いし、北朝鮮を擁護してきた。朝日新聞は一体どこの国の新聞なのか。昨年末に検証記事が掲載されていたが、北朝鮮擁護を続けてきた朝日新聞の自己保身でしかない。

かつて、拉致疑惑は日朝国交正常化の「障害」であるとの社説を掲載したが、この時ばかりは黙っていられないので抗議の電話をしたところ、執筆した論説委員とは話ができず、切手を貼った返信用封筒を同封して手紙をよこせば返事をすると言われた。

そこで手紙を書いたところ、その返事には、「障害」は拉致疑惑に対する北朝鮮の態度を意味しているという。その社説のどこを読めばそうなるのか理解できないし、謝罪の言葉もない、ところが昨年末の検証記事では、その「障害」は乗り越えなければならない「課題」であると一転している。拉致問題を棚上げにして早期の国交正常化を目指したい本性が出てしまったのではないか。

その他にも、朝日新聞は、「感情論で冷徹な国際世論を失うべきではない」とか、「植民地時代の(日本の)蛮行と拉致問題を相殺せよ」とか、「不健全なナショナリズムがはびこっているのが気になる」と書いてきた。これらは被害者や家族の気持ちをないがしろにするものである。われわれは感情的ではないし、ただ一つの願いは「家族を帰してほしい」というごくごく単純なことだ。

私も戦後生まれなので植民地時代の蛮行は良く知らないが、それと拉致問題がどういう関係にあるのか。自国の国民を救ってほしいという願いがなぜ不健全なナショナリズムに見えるのか、説明してほしい。

さらに、朝日新聞は元旦の社説で映画「千と千尋の神隠し」を引き合いに出して、千尋が「カオナシ」という化け物に接するごとく、北朝鮮に優しく当たれと書いている。また、昨日（一月二七日）の社説は、安部晋三官房副長官が講演で朝日新聞の元旦社説を引き合いに出して、こうした論調が北朝鮮の拉致問題をめぐる障害になっていると話したことについて反論した。その中で「アメとムチの使い分けが必要だ」と主張しているが、これまで朝日新聞は北朝鮮に対して「ムチを使え」とは言ってこなかったはずだ。

また、朝日新聞の取材姿勢にも明らかに偏向したところがある。横田さんに対して、キム・ヘギョンちゃんに会うための訪朝をどうするかということを聞くために、執ように迫っている。

横田さんの息子さんがそうした取材を自粛するよう新聞協会に要望を出したが、心情的に言えば、孫に会うために北朝鮮に行きたいというのは当たり前のことだ。ただ、北朝鮮の犯罪によって否応なく引き裂かれているので、安易に行けるわけではない。

それなのに、横田さんが少しでも行きたいというニュアンスを漏らそうものならば、「横田さん訪朝」と大々的に報じてしまう。昨年一二月一九日に、被害者五人が日本に残ることを自らの意志で決め、金日成バッジを外した時にも、各紙一面で報じる中で朝日だけが横田さんの訪朝を一面と社説で報道した。どうしても横田さんを訪朝させたいと考えているとしか思えない。

また、ある日の夕刊一面でこのバッジを大写しにした写真を載せていた。重いバッジを外せない五人の心情を描写したいのだろうが、これを見て絶対に外してもらわなければという思いを強くした。

このように、最近の朝日新聞の報道を見ていると、好きな女性に本心を伝えられずに、回りくどく、インテリぶったうだつの上がらない男のように見えるので、哀れみさえ感じる。いっそのこと、購読部数など気にせずに「北朝鮮大好き」「金正日万歳」とはっきり言ってしまった方が良いのではないか。

客観報道の問題

客観報道の立場は分かるが、この拉致問題は北朝鮮の国家的犯罪であり、我が国へのテロだ。これほど善悪がはっきりしている問題はない。武器を持たない戦争と言ってもよく、マスコミも戦後初の戦争状態であることを自覚すべきだ。

それなのに、なぜ、北朝鮮の悪事を追及することができないのか。なぜ、即刻日本人を返せと言えないのか。クアラルンプールでの国交正常化交渉の時にも、「両者物別れ」と報道したが、なぜ「北朝鮮我が国の言うことを聞かず」としないのか不思議だ。

最近の米朝間の緊張もあってか、拉致関連報道はだんだんと少なくなってきており、記事内容も日常的な動向を報道することが多くなっている。そういうものであっても、報道自体が無くなるよりはまだましで、みなさんが報道してくれなければ、国民にすぐに忘れられてしまう。

そういう報道にジレンマは感じるが、被害者が五人だけではないことや、加害者の北朝鮮にもっと目を向けて、埋もれている事実発掘に努めていただきたい。これまでのマスコミ報道はリスクを恐れるあまり、拉致問題をないがしろにしてきたが、今こそリスクを恐れない正義と信念のある取材・報道に撤するべきではないか。

全面解決に協力を

これまで、現場の記者の方とは非常に良好な関係を保つことができて感謝しているが、現場で取材された素材が編集されていくに従って、生の情報が伝わらないという話を記者からよく聞く。机上で編集する人が自らのシナリオに合わないからといって、現場の生の情報を削ぎ落としてしまわないようお願いしたい。

正確な報道のためにも、われわれは真摯に対応していかなければならないと思っているが、あえて注文をすれば、被害者の立場をよく理解していただき、この問題については「国益とは何か」ということを考えた上で、被害者に接していただきたい。そうすればお互いに信頼関係を築くことになるのではないか。

家族会といっても、少数のボランティアで活動しており、マスコミの力を借りなければ何もできない。われわれの気持ちを代弁していただけるのはマスコミ以外にはないので、全面解決するまで力添えをいただきたい。

〔質疑〕

司会＝朝日新聞をはじめとして、いくつか実例をもとにお話しいただいた。各社から忌たんのない意見や反論、注文等を出していただきたい。

植竹氏（朝日新聞）＝私は一連の拉致報道に直接関わっていないが、個人的にお聞きしたい。編集局幹部や論説委員を良く知っているが、北朝鮮の体制や金正日を是としている人間はいない。北朝鮮が独裁国家であり、朝日新聞が目指す民主主義国家とはほど遠いという認識は、共通している。朝日新聞に対してそういう思いを抱かれるようになったのはいつからか。

蓮池氏＝以前から北朝鮮が好きだと思っていたが、決め手は拉致被害者の問題を社説で「障害」と書いたことだ。それから、弟の学籍回復を朝日新聞の記者に大きく取り上げていただいたが、次の機会にその記者に連絡を取ろうとしたら、異動したという、そういう記事を書くと転勤させられてしまい、かわいそうだと思った。

植竹氏＝朝日新聞社はそういう理由で異動させせない。紙面掲載された記事は、社会部デスク、整理部を経て、最終的には編集局長室でチェックを受けた上で掲載しているので、紙面化された後で書いた記者の責任を問うことはない。

飯室氏（中日新聞【東京】）＝一日でも早く被害者全員が日本に帰ってくるように役立つ報道をするのは当然と思う一方で、われわれはある一面だけに偏らない報道をする役割を担っている。場合によっては被害者にとって不本意かもしれない報道もする必要があると思う。それすらも今はなすべきでないとお考えか。多様な言論、報道ということをどう考えるか。

蓮池氏＝この北朝鮮の拉致問題については多様な意見というのはありえない。

飯室氏＝だとすると、蓮池さんの意見は北朝鮮の言い分と変わらないような気がする。

司会＝そういうとらえ方も可能かなと思う。いち早くこの問題を指摘した産経新聞についてはどう思っているか。

蓮池氏＝若干の細かい不満はあるが、非常に積極的に取り上げたメディアのひとつだと思う。

小池氏（共同通信）＝共同通信がジェンキンスさんにインタビューしたことについて、拉致被害者と家族の立場は分かるが、北朝鮮の謀略や作為など、いろいろな制約や条件があったとしても、基本的には取材の機会があればすべきだと思う。その後で、メディアの責任を踏まえた上で、どう報道するのかという問題だと思うが。

蓮池氏＝みなさんがＣＮＮだったらそういう取材も構わないが、日本のメディアであることをお忘れにならないようにお願いしたい。

司会＝テレビは映像や音声を使って人の感性に訴えるので影響力が強いということだが。

蓮池氏＝テレビについては、ＶＴＲ取材が大っ嫌いだ。自分たちのシナリオに乗っかるような発言を求めて延々とカメラを回して、その部分だけを使うことが本当に多く迷惑している。横田さんの訪朝問題では、いろいろな難しい状況があるので「（条件が整えば）訪朝したい」と言っているところを、「訪朝したい」という一言だけ放送し、世間をミスリードしてしまう恐れがある。あまりＶＴＲを恣意的に編集しないでほしい。

瀧山氏（フジテレビ）＝キム・ヘギョンちゃんのインタビューについて、「感性に訴えるテレビ」と「理性に訴える新聞」の違いが今回の報道では大きく出た。この報道の後、朝日新聞には読者から約四〇〇件、毎日新聞には約二〇〇件の問い合わせがあったという。そして、フジテレビには、二万件に迫る視聴者からの意見をいただいた。北の謀略に乗せられたと受け取った人がいたことは事実だが、この問題を伝えるに当たって、情報の裏にある意図とか、ストーリーが用意されていることを想定しながら報道に当たった。だから、北朝鮮のプロパガンダに踊らされたという指摘については納得できない。視聴者や読者も無菌状態に置かれているわけではなく、主体的にものを考えることができるはずだ。限られた情報だけを流していればよいというものではなく、何もしないで批判を受けるよりも、アクションの結果、受けた批判について謙虚に耳を傾ける姿勢を持ち続けていきたい。

北沢氏（テレビ朝日）＝キム・ヘギョンちゃんへの取材については、残念ながらテレビ朝日はできる立場にいなかったということだ。もし、われわれが取材できる立場にいたら、批判を受けたとしても、さまざまな影響を、考えた上で報道しなければならないが、やはり取材したと思う。

司会＝取材は競争の中でどれだけ協調するか、そして、その中でどれだけ競争していくかという面があり、ケースバイケースでその対応が違う、昨日の夜、中学校の同窓会からの連絡で、鳥取で（北朝鮮拉致の）行方不明事件に巻き込まれている松本京子さんが私の同級生であることが分かったので、私も一日も早い決着を望んでいる。政府が絡むので思うようには進まないと思うが、粘り強さが要求されるのでは。

蓮池氏＝最近、拉致問題で騒ぎすぎだという声も聞こえてくるが、そういう人に限って、誘拐されたという事実を忘れてしまっている。国に優遇されているとか、一日中遊んでいるといった批判があるが、二四年間も拘束されていた被害者なのだから、そういう声があがることについて非常に危惧している。

越川氏（毎日新聞）＝現在進行している拉致被害を取材する過程で、五人への直接取材は欠かせない。大変な事情があることは分かるが、家族全員が帰国するまで代表取材が続くのか。いつ頃になれば、本人に接触できるのか。

蓮池氏＝個人的には、すぐにでも取材を受けて話してほしいと思っているが、私たちの質問にすら答えてもらえないことがある。また、メディアの取り上げ方には非常に神経質になっている。北朝鮮の元工作員の安明進（アンミョンジン）さんが来日したときに、弟にコンタクトを取りたいということだったが、政治的なことには触れたくないという。家族を人質に取られていることを心配してのことだが、黙っていたら一生解放されないかもしれないからということで説得は続けている。いずれ彼らも決断する時期が来るとは思うが、いつとは申し上げられない。

豊島氏（ＮＨＫ）＝二点ほど質問したい。一つは、問題報道と挙げた事例の中で、共同とＴＢＳの報道で、ジェンキンスさんが元気だということは分かったと言われたが、問題があったとしても、そういう効果については認めているのか。

もう一つは、問題が長引くに連れて、家族会の中でも温度差というか、見方や見解が変わってくると思うが、そういう中で蓮池さんは家族会のリーダーとして、これまでどのような考え方でまとめてきたのか、これからどういう考え方で家族会をまとめていくのか。

蓮池氏＝ジェンキンスさんが健康そうに見えたというのは副次的であって、私は皮肉のつもりで言った。キム・ヘギョンちゃんインタビューの二番煎じだ。なぜ、北朝鮮当局の誘いを安易に受けてしまうのかが分からない。あの国に対しては、謀略にはまらないように性悪説で冷静に対応しなければならない。

キム・ヘギョンちゃんインタビューでも、通訳を見ずになぜ一点だけ見つめてしゃべれるのか誰でも疑問は沸く。また質問の中でも、将来大学で何を学びたいかという質問の答えに詰まったときに、誰かが朝鮮語で「政治経済」と言った言葉がマイクに入っている。つまり、言わされているのだ、フジテレビには精査してほしい。

家族会のことでは、生死の情報が分かれたことで家族間の立場は異なったが、被害者全員の帰国を求めるという目的では一致している。

例えば、横田さんの訪朝問題では意見が分かれたが、訪朝しても問題の解決にはつながらないということで横田さんも納得したわけで、逆にそういうことがあって、家族会は一層団結が強まったと言える。

五十住氏（テレビ東京）＝ＶＴＲ取材はシナリオができているので嫌いだという指摘があったが、シナリオと違ったときこそニュースだということを教えられてきたし、それを伝えている。たしかに、短い時間で伝えるには一言だけになってしまうのかもしれないが、常にシナリオ通りだということには反論したい。

蓮池氏＝過去にＮＨＫで二時間ＶＴＲ取材を受けたが、一秒も放送されなかったということがあったので申し上げた。その二時間で政府批判をしたのだが、ＮＨＫは放送しないだろうと思っていた。案の定、当初の予定の三〇秒が一五秒に、そして当日になってオンエアがなくなったということでがっかりしたことがある。

司会＝ＮＨＫ社会部にいたＢＲＯの大木さんからお願いしたい。

大木氏（ＢＲＯ）＝インタビューしたのは私ではないが、二時間もどうも申し訳ありません。今、私は放送と人権等権利に関する委員会機構（ＢＲＯ）に所属しているが、北朝鮮報道でかなりの苦情電話がかかってきている。この件については、集団的過熱取材の対応として、これまでに比べてかなり自制した取材をしていると思うが、蓮池さんがその変化を実際に感じられたかお聞きしたい。

蓮池氏＝メディアスクラムのような危機に瀕したことはあまりないが、テレビについては取り上げ方が大きく変わったと思う。「朝鮮民主主義人民共和国」と呼ぶことが少なくなった。マスコミの責任がよく言われるが、この問題では警察庁の責任が大きい。警察が情報を流さなければマスコミも記事にしようがないわけで、全面的にマスコミが悪いというわけではない。過熱取材の問題については、（個別取材ができないことについて）みなさんの不満はよく分かるが、どうして良いか分からない。できるだけ本人にはしゃべらせようとしているが、まだなかなか難しい。

本間氏（講談社）＝正確を期するためにも検証したいのだが、非常に事案が難しい。ただ、検証に時間がかかりすぎると報道する時期を逸してしまう。そのジレンマに悩んでいる。被害者の立場から見て全部が満足できるような報道はできないかもしれない。立場の違いはあれ、日本のメディアであることに誇りを持って報道している。北朝鮮の画一的な報道とは違う。時間はかかっても家族を取り戻すための検証に努力する、それが結果的に国益にも資する形になればよいと思う。

蓮池氏＝先ほど、東京新聞の方は「それだと北朝鮮になってしまう」と言われたが、大きなベクトルは同じ方向にあってほしいという意味で言ったわけで、その中でいろいろな意見があるということに異論を出す必要はない。その大きなベクトルが異なれば国益に反するのではないかということを言ったのであって、誤解してほしくない。今、心配しているのは、被害者に対するバッシングが起きないかということだ。

金子氏（日刊スポーツ）＝報道の多様性についての確認を頂いたのでホッとした。スポーツ新聞も拉致問題を前向きに取り上げたいということでできるだけ記事化を目指している。拉致事件そのものが国家的テロ、国家的犯罪という視点で記事にしているし、今後もそうしていきたい。スポーツ新聞としては、プラスαの情報を伝えていくが、くれぐれも被害者に対するバッシングが起きないように配慮したい。

蓮池氏＝私のような素人が皆さんの前で失礼なことを申し上げて申し訳ないが、本音を、と言われたのでついついそうなってしまった。建前もあるのでそこのところはご理解をよろしくお願いしたい。

司会＝想像していた範囲内のご批判があったわけで、これがあって初めてこの会合の意義はあったと思う。それを生かしていければと思う。今日はお忙しいところ本当にありがとうございました。

資料⑧　申し合わせ

二〇〇四年五月二〇日
日本新聞協会集団的過熱取材対策小委員会
日本民間放送連盟報道問題研究部会
在京社会部長会

日本新聞協会と日本民間放送連盟は二〇日、小泉首相訪朝の際に予想される北朝鮮拉致被害者の家族の帰国に関して地村保志・富貴恵、蓮池薫・祐木子、曽我ひとみさんの五人による連名で、従来同様の配慮の行き届いた取材の要請を受けました。

拉致被害者の家族の帰国は国民の大きな関心事であり、これを適正に取材・報道することは、報道機関の責務です。この申し出を受けて、日本新聞協会集団的過熱取材対策小委員会と日本民間放送連盟報道問題研究部会、在京社会部長会は同日、家族の人権・プライバシーを損なったり、周辺住民の平穏な生活を乱したりすることのないよう、節度ある取材・報道に努めることを申し合わせました。

日本新聞協会集団的過熱取材対策小委員会と日本民間放送連盟報道問題研究部会、在京社会部

長会は、三組織に非加盟の各社、その他メディアにも、この申し合わせに同調していただくよう要請します。

以上

資料⑨ 申し合わせ

二〇〇四年五月二四日
日本雑誌協会取材委員会
委員長　笹本弘一

日本雑誌協会は二〇日、別紙の「家族帰国時の報道対応について（お願い）」通り、北朝鮮拉致被害者の家族の帰国の取材・報道に関し、要請を受けました。文書は、地村保志・富貴恵、蓮池薫・祐木子、曽我ひとみ各氏の連名で、持参した「北朝鮮による拉致被害者家族連絡会」事務局長・蓮池透氏より要請に至る事情等の説明がありました。

要請を受け、取材委員会出席各社の協議の上、以下の申し合わせを行いました。

一　拉致被害者の家族の帰国は重大な社会的関心事であり、我々報道機関の取材・報道にあたっては制約等が科されないことが原則であることを確認する。

一　上記の原則を踏まえた上で、当協会は今回の要請の主旨を理解し、従来通りの「節度ある取材・報道」を行うよう努める。

各社におかれましては、申し合わせの主旨にご理解をいただき、取材・報道にあたられるようお願いいたします。

あとがき

「明日にでも、この一時間後にでも進展があってほしい」。北朝鮮に子どもたちを残してきた蓮池薫さんは、劇的な帰国から一年間が過ぎた二〇〇三年一〇月一四日、妻祐木子さんとともに出席した記者会見の席でそう語った。

それからさらに七か月余の後の二〇〇四年五月二二日夜、蓮池さん夫妻の二人と地村さん夫妻の三人の子どもたちが、本来の母国である日本の羽田空港に初めて降り立ち、それぞれの両親とホテルに向かう途中、リムジンバスの車内で再会を果たした。それを実現させた小泉首相が、同じ日に北朝鮮を再訪問し、金総書記と二度目の首脳会談を行った結果だった。

二家族の〝奪還〟を実現させたとはいえ、曽我さんの家族の来日は実現させられなかった。しかも、曽我さんの母ミヨシさんや横田めぐみさんら安否未確認者十人については新たな情報は何も入手できず、日本側の参加も認める再調査の実施を北朝鮮側に約束させたというものの、小泉首相ら日本政府側は、「実質的な手みやげだったのではないか」という疑惑を生んだ「食糧二五万トンと一〇〇〇万ドル相当の医薬品の人道支援」を北朝鮮側に申し出ながら、再調査の実施時期さえ具体的に煮詰めないまま、わずか一時間半で会談を終了させ帰国した。

一〇人の家族から小泉首相に対する不満が噴出したのは当然だった。批判の声は、拉致被害が疑われている一〇〇人以上の〝失踪者〟の家族からも上がった。

小泉首相の行政手腕におけるウィークポイントが、「総論で重大な問題提起を行うが、各論の詰めは甘い」という点にあることは、広く知れ渡ってきている。その弱点は、拉致問題の解決が欠かせない日朝国交正常化問題でも、国民の眼前にさらけ出された結果となった。小泉首相の姿は、外交業績としてアピールしやすい「国交正常化」というテーマと比べて拉致被害者の運命を軽視してきた外務省の官僚の手のひらで踊らされているようにも映った。

拉致被害者五人が北朝鮮から帰還する際、「二週間ほどの日本滞在」という約束を北朝鮮側との間で交わしたことで、被害者家族の子どもたちの来日問題を一年七か月もの長期にわたってこじらせたのにも似た構図だった。


蓮池、地村さん両夫妻が子どもたちと再会するまでに待ちわびた時の長さは、別の意味ながらメディアにとっても同様であった。拉致被害者やその家族、さらには周辺住民の人権、プライバシーの侵害を回避するべく、メディア横断的に開始したメディアスクラム防止対策としての取材調整が、これほど長期間にわたると予想していた者はいなかっただろう。

蓮池さんの兄、透氏は、家族を取り戻せたことで薫さん夫妻が、これまで北朝鮮に在住していた子どもたちの処遇を気遣って話せなかった自分たちの北朝鮮での体験を語れるようになるのではないかと述べた。事態はそのように動き始めもした。地村さん夫妻も同様な対応が可能になるなら、拉致問題で発動されたメディアスクラムの防止体制は、両夫妻については解除されるとみられる。ただ、その時期はまだ明確でない。

メディアスクラム対策は、それほど長期間にわたったことで、効果とともにメディアにとっての様々な問題点が浮上し、今後に向けた課題も明らかになってきた。

私自身は、メディアスクラム防止対策が実施されたテーマの取材に直接関わったことはない。ただ、旧経済企画庁が日本総合研究所に委託した個人情報保護制度の在り方の研究会に参加したほか、政府による個人情報保護法制度化の審議に先立って『新聞研究』編集部が主宰した「個人情報保護と取材・報道研究会」の発足に関わるなど、メディアの人権、プライバシー保護の問題には多少とも縁があった。そうした立場で、全分野のメディアが初めて協調して取り組む人権、プライバシー保護方式としてのメディアスクラム防止対策に関心を寄せ、その行方に注目してきた。

この方式では確かに、報道の多様性というジャーナリズムの価値の実現に欠かせない「独自の取材」が制約される面がある。しかし、制約を克服できる道が全く閉ざされているわけでもない。そのような性格を持った方式で、各メディアが協調して人権、プライバシーの保護を目指す意義は、決して小さいものではないと考える。おそらく当面は、取材に当たって深刻な人権、プライバシーを侵害する恐れがあるようなケースについては、この方式が採用され、存在理由を保ち続けていくことになるだろうと思う。その意味で、メディアスクラム防止対策について、その効果と限界を考察しておく意義があると考えた次第である。言うまでもないが、記述内容は筆者の個人的な見解である。

本文中に記載した文献、資料以外では、ジャーナリスト小田桐誠氏が月刊『創』2002/12「拉致被害者取材最前線での攻防」以降、「拉致報道最前線でのメディアの攻防(5)」(月刊『創』2003/6)までの各論文で、メディアスクラム防止体制下での拉致問題の取材、報道の経過と問題点を詳細に跡付けられており、参考にさせていただいた。

時間的な制約から、考察は文献資料を中心に行った。そのために行き届かない面も残しているだろうことは承知しており、ご指摘を待ちたい。また、文献資料を引用させていただいた方や、多忙ななかでインタビューに応じてくれた関係者の方々には、この場で恐縮ながらお礼を申し上げたい。

また、花伝社の平田勝社長には前著『日本の情報公開法』に続いて、今回の出版も快諾していただいた。堅実かつ良心的な出版を続けておられる平田社長に改めて敬意を表しつつ感謝申し上げます。


拉致事件に関するメディアスクラム防止対策が長引いた点については、蓮池透氏が北朝鮮在住家族の来日以前に、「被害者たちも、できれば早く個別取材に応じたいと思っている。しかし現状では、彼らがテレビカメラを向けられたときに、テレビカメラの向こう側に見るのは金(正日)の顔なんです。北朝鮮が家族を解放しないから、言いたいことも言えないし個別取材にも応じられないんです」と語った言葉が印象的だった。

その事件の報道に関しては、「集中的な過熱報道」などの批判も行われてきた。だが、考察の対象としたメディアスクラム防止対策の目的は、報道ではなく取材に関する協調方式である。そのため、本書では拉致事件への対応をはじめとして、各ケースについての報道内容に関する言及は必要最小限の範囲にとどめた。

ただ、八人の拉致被害者について「死亡した」とする極めて不鮮明な発表を含め、拉致の全容解明に誠意を示さない北朝鮮側を批判するメディアの報道について、「一方的な断罪」などとする非難の声には驚かされた。

確かに、日本と北朝鮮の間の歴史や国交が樹立されていないことを背景として拉致事件が起きたことは事実だろう。しかし、平穏に暮らしていた母子や若い恋人たちを、ある日突然、否応なく連れ去り、事実上監禁状態におき続けた国家的暴力による人権侵害には弁護の余地はないはずである。

拉致被害者たちが帰国した当初は、「家族会などは、日本政府の反北朝鮮キャンペーンに相乗りしているのではないか」といった声も出ていた。しかし、家族会などが政府の対応の遅さを批判する流れになってからは、そのような見解が影をひそめたことは、家族会などに対する評価が、ようやく冷静に行われるようになったためであろうと思われる。

メディアスクラム防止対策についても、取材、報道の自由を制約する方式として批判する見解がある。確かに、制約的に作用する面があることは否定できない。対策を実施するに当たっては、そのようなマイナス面を視野に入れ、常に克服の道を探っていく必要がある。だが、対策そのもののの意義を否定するのであれば、批判者には、集中的取材が人権、プライバシーに及ぼす影響を抑制できる代替的な方式を提言する責任があるだろう。

「報道の客観性」を確保できるかどうかについては、様々な議論があるところだが、イデオロギーというフィルターは、ジャーナリストが把握しようとする現実の像を、ことさら歪めてしまう恐れが強い。拉致事件を含め、世の中で起きる様々な出来事、問題を取材、報道して行く際には、広い視野を持ちつつ、「政権益」としての国益ではなく、「国民益」、「地球益」を基軸として「是々非々」の視点で臨むことが欠かせないのではないか。そのことは私にとって、イデオロギー絡みの議論が多かった冷戦時代の教訓でもある。

メディアスクラム対策への批判を含む拉致事件の取材・報道に関する活発な議論を振り返ってみて、改めてそう感じている。

鶴岡　憲一（つるおか　けんいち）

1970年、東京教育大学卒業とともに読売新聞社入社。社会部、解説部、論説委員兼西部本社編集委員等を経て2001年4月から東京本社編集委員。日本大学新聞学科非常勤講師。日本マス・コミュニケーション学会第29期ジャーナリズム研究部会幹事。共著書に『日本の情報公開法』（花伝社）、日航ジャンボ機墜落事故調査に関する『悲劇の真相』（読売新聞社）など。

メディアスクラム——集団的過熱取材と報道の自由

2004年7月15日　初版第1刷発行

著者 —— 鶴岡憲一
発行者 — 平田　勝
発行 —— 花伝社
発売 —— 共栄書房
〒101-0065　東京都千代田区西神田2-7-6 川合ビル
電話　03-3263-3813
FAX　03-3239-8272
E-mail　kadensha@muf.biglobe.ne.jp
URL　http://www1.biz.biglobe.ne.jp/~kadensha
振替 —— 00140-6-59661
装幀 —— 廣瀬　郁
印刷・製本 — 中央精版印刷株式会社

ISBN4-7634-0425-3　C0036